市民の
日本語へ

対話のためのコミュニケーションモデルを作る

村田和代
1————はじめに

松本功
5————市民の日本語、という課題を設定する

村田和代
33————市民の日本語と「話し合い」

深尾昌峰
63————コミュニケーションからみる市民性

三上直之
81————市民意識の変容とミニ・パブリックスの可能性

重信幸彦
113————「聴き耳」のゆくえ
『新修　福岡市史特別編　福の民』(2010) から

146————執筆者紹介

ひつじ書房

はじめに

村田和代

　21世紀に入り社会の持続可能性が問われるようになってきました。合理性の追求、利益重視、大量生産・大量消費といった行動が環境破壊や格差社会を生み出してしまったという現実を受け止め、環境を守り将来世代に受け継いでいけるような社会形成を進めていかなくてはなりません。さらに、大震災後は、気候変動や自然災害といった想定外の衝撃に耐えうる強靭さを備えたレジリエントな社会でなければならないという課題にも直面しています。持続可能な社会、レジリエントな社会に共通して求められているのが、従来のトップダウン型ではない市民参加型の政策策定や市民参加型のまちづくりです。

　本書は「市民参加」を進めていくための「ことば（日本語）」について考えるために執筆されました。きっかけとなったのが、加藤哲夫さんの『市民の日本語』（ひつじ書房刊　2002）です。本書で繰り返し述べられているのが、これからの社会にはリーダーにものごとを決めてもらうのではなく、自分たちが主体的に自分たちの地域の課題を考えまちづくりや政策形成にも積極的に参加していく必要があるということや、そのためにはこれまで議論のあまり行われてこなかった日本の文化に市民参加型の議論の方法を確立していく必要があるということです。

加藤さんの考え方をつないでいきたい、具現化したいという松本さん（ひつじ書房）の思いを受けて、異なる研究領域から4名の研究者が本書を執筆しました。本書の執筆に先駆けて執筆者5名が集まり「市民の日本語」について話し合いました。さらに、龍谷大学地域公共人材・政策開発リサーチセンターの主催で「市民のためのコミュニケーション：地域社会の主体的な担い手になるためには」という公開研究会も開催しました[1]。

　松本功氏は加藤さんの本で述べられていることをまとめながら「市民の日本語」という課題について議論しています。村田和代は、市民参加型の話し合いにみられる特徴をあげながら参加型の話し合いを可能にするコミュニケーションのエッセンスと、市民の日本語にむけての言語研究の可能性について論じています。三上直之氏は、現代社会における市民意識の変容と、ミニパブリックスという新しいコミュニケーションの方法を通した市民参加の可能性について述べています。深尾昌峰氏は、自身の社会実践活動をもとにコミュニケーションからみる市民性とは何かについて具体案を提示しています。そして重信幸彦氏は、地域社会のロールモデルを共有できるような市民の記憶の構築の仕組み、それを可能にするような日本語のあり方（語り方）について議論しています。

　本書は、「市民の日本語」構築に向けたスタートです。本書をきっかけに、持続可能でレジリエントな社会の形成をめざして、市民が地域づくりや政策策定により積極的に、より主体的に関われるような「ことば（日本語）」の探究をさらに進めていきたいと思います。そのためには、もちろん言語研究者が中心となって研究を進めていく必要があるでしょう。同時に、本書で試みたように多様な研究者によるアプローチも求められま

す。「市民の日本語」のあり方をともに考えてみませんか。

注
（1）2012年9月20日龍谷大学深草キャンパスに於いて開催。龍谷大学地域公共人材・政策開発リサーチセンター（LORC）の関係者の皆様に感謝いたします。

市民の日本語、という課題を設定する

松本功

1. 市民の日本語という課題を設定するために

　私は、本書の出版元でもあるひつじ書房という出版社を営んでおりまして、『市民の日本語』という書籍を加藤哲夫さんに書いていただきました。2002年のことです。加藤哲夫さんは、せんだい・みやぎNPOセンターを創られ、その代表理事を長くつとめていた方で、NPO界のリーダーの一人でした。この本は、副題を「NPOの可能性とコミュニケーション」としています。「市民の日本語」という書名も聞き慣れないことばです。「市民」と「日本語」とにどのような関係があるのか。さらに副題に書かれた「NPOの可能性」と「コミュニケーション」とはどういうかかわりがあるのか。題名を見て即座に内容が理解できるタイトルではないかもしれません。加藤哲夫さんは、NPOの業界ではとても有名な方でしたが、世間一般には、あまり知られている方ではありませんでした。NPOの世界でも縦割りや蛸壺化があって、一面だけを見て、他のことは見ないということがあると思います。私に最初に加藤さんを紹介してくれた方は、フェアトレード運動（商品の売り買いの途中のプロセスで、流通過程の商社が儲けて、第三世界の作り手にきちんとお金が渡らないことを是正する活動）を

している方として紹介してくれました。加藤さんはその分野での活動もしていたのですが、それだけでは狭くとらえすぎです。自分に関心がある方向からだけ見るというのは私を含めてよくあることですが、加藤さんをNPOの業界内でも一面だけで見るという傾向がありました。それぞれの傾向から見られた加藤さんのそれぞれの姿があり、断面的にしか評価されていないのは残念です。本書の別の章で深尾さんが「街の達人」を記憶し、顕彰することを提案していますが、加藤さんは、まさにその街の達人の一人だと思います。

　私も、私なりに見た加藤さんの像にこだわっているにすぎません。私は、市民コンピュータコミュニケーション研究会（JCAFE）というインターネットのネットワークを市民活動に生かすということを活動目的にしていたNPOで、お互いに理事として、お目に掛かりました。私は市民活動をしていたわけではありませんが、ネットで電子的にお金を寄付したりや応援するために送金したりすることを実現しようという「投げ銭システム」というものを提案をしていたことがありまして（1998年から1999年）、JCAFEの代表理事の浜田忠久さんに呼ばれて、理事の一人になっていた時期があり、その時に加藤さんも理事で、1999年のJCAFEの総会で加藤さんの講演を聴きましたのが、はじめての機会でした。その時に加藤さんがおっしゃった「ゴミを拾うのは、義務や罰ではなく、市民が街を作っていこうとする権利である」という見事なキャッチフレーズに目を開かれる思いがしました。ここで少しこのキャッチフレーズに私が目を開かれたと感じた理由について、説明します。

　お会いする前に『〈対話〉のない社会―思いやりと優しさが圧殺するもの』（中島義道　1997）という本を読んでいまし

た。この中で、公園や公道などの公共的な空間に張り出された標語の言葉の空虚さと傲慢さについて中島さんは指摘していました。空虚な標語は、問題外としても、人に呼びかけることばは、呼びかけるがゆえに、空虚であったり、傲慢であったりするということではないのではないか。公共化することばが人に届くことができることばとして発せられることが可能なやり方があるのではないかということを考えていたからです。中島さんの文章を引用します。

美化を呼びかける醜い看板や垂れ幕

わが家近くの道路沿いの小さな公園（縦30メートル横5メートルくらい）には次の看板が立っている。

次のことを守りましょう。
一、木や草花を大切にしましょう。
一、自転車、バイク等の乗り入れは禁止します。
一、野球・ゴルフ・花火等のあぶないあそびはやめましょう。
一、家庭のゴミを園内備えつけの屑籠等に捨てないでください。
一、犬のふんは飼い主が処理しましょう。
（略）
　　　　　世田谷区（看板では傍点赤字）（前掲書p.56）

と述べた上で、以下のように言います。

駅前ロータリー、公民館、路上、公園、事務室、社長室、校長室などに夥しく立てられ貼られているこうした

「標語」は景観を破壊し、醜いばかりではない。それは、公共空間において（警察、消防署のみならず、町内会、商店会、社長、校長などを含む広い意味の）「お上」が一方的に不特定多数の者に対してメッセージを送る暴力なのだ。
　なぜなら、こうした「標語」は私人が立ててはならないからであり、しかもそれを設置するさいに開かれた公開討論の場があるわけではないからである。　　（前掲書 p.59）

　一方的に「お上」から不特定多数へ送られる言葉の暴力を中島さんは指摘していました。私は、その考えに納得するとともに、「お上」からの一方的な暴力としてのことばではなく、「私人」である、たとえば、公園の近所に住む人とその場所に立ち寄る人が、ことばを交わせるような双方向的なことばはないのか、あるいは相互的なことばの使い方を考えられないだろうかと考えていたところだったからです。ゴミ捨て問題は、とても重要な問題で、失礼な言い方になってしまうかもしれませんが、かつ面白いテーマです。加藤さんが仙台市でゴミ集積場でのコミュニケーションという課題に取り組んでいたということを知ったのは後のことでした。また、このことについてはこの文章の最後でも触れることになります。
　加藤さんのことばに、この人は市民にとってのことばの問題を根本から考えようとしている人であると思い、『市民の日本語』という本を書いてもらうまでになりました。ここでは、そのような側面から、ことばの問題を意識した方として加藤さんを取り上げます。もちろん、これも私の視点からの一局面に過ぎません。市民にとってのことばの問題を考えることは、これから日本社会を作りかえていく際に、重要です。日本社会を作りかえていく際のコミュニケーションの問題は、NPO にとっ

て重要なテーマです。NPO は、通常、個別のテーマを持っているものですが、コミュニケーションの問題は個別のテーマを超えた普遍的な課題です。そのようにとらえることで、加藤さんが NPO の活動、市民活動のパイオニアであったことの重要な意味がわかります。

　ことばの問題は、いろいろなものごとのおおもとに存在するとても大事なことです。社会的な貢献を目指す NPO の活動、市民的な活動が、現時点で存在している、この社会の問題を解決しようとするとき、根幹に関わる問題です。残念ながら、加藤哲夫さんは、2011 年の 8 月に 61 歳目前にして亡くなってしまいました。加藤さんが、『市民の日本語』で提案されていたこと、その後お亡くなりになる直前にお目にかかって、『市民の日本語』の続編を作ろうと話していたことを踏まえて、本書を作ることになりました。

2. ことばは透明か

　最初に、ふつうに話している日本語ということばについて。私たちはふつうに日本語を話していると思っています。生活をする時、仕事をする時、日本語を使って話をしています。そういう場合には、何かを依頼したりされたり、お願いしたりされたりする時に日本語を使っています。それで、困ることはないです。お店にいって○○を下さいといって、そのことばが聞こえなかったとか、聞き違えたということがなければ、××がでてくるということはありません。ふつうに通じる、というのが実感です。それとは違い、ことばを知らない外国に行ったときに、何かをお願いをしようとして、うまく通じなかった、言いたいことを口で言い表せなかったという経験を持っている人も

多いでしょう。知らない外国語のことばは通じない、当然のことです。
　それとは違って、通常の日本語は話せるし、使えるし、通じるでしょう。何不自由なく、コミュニケーションできるようです。しかし、食べたり、注文したり、はい、いいえで答えられるような単純な内容ではないこみいった内容の場合はどうでしょうか。仕事上の打ち合わせを相手先としているときなど、あるいは、友人同士、家族同士であっても何かを説明しようとして、うまくことばが見つからなくて、歯がゆい思いをするということは、あります。また、逆に、良い言い回しや適切な説明方法を見つけると物事が急に自分でもよくわかったり、相手にも理解されて、見通しが開けるような、すーっとした体験というものも持っているでしょう。つまり、ことばは単に食べたい、買いたいという比較的単純な物事、一単語や一文で説明できるような内容から、文章のような、さらには段落を重ねて、ことばをたくさんつかって説明しないといけないかなり複雑な内容もあるということです。けっして、いつでも、どんな時でも空気のように透明で、自由自在にあつかえるというものではないということです。
　ちょっと複雑なことがらを説明するということはなかなか骨が折れます。起承転結、物事は出来事の起きた順番に話せばいいのか。論理の展開を重視して話を進めるのがいいのか。最後に落ちがくるように、聴いていて面白く話すのがいいのか。情緒に訴えて、同情してもらえるように考えて話す方がいいのか。こちらから相手への一方向の説明でも大変です。これがもし相手が違う考えを持っていたり、違うだけではなく、対立する考えを持っていた場合は、さらに大変です。話し方はさらに難しくなっていくでしょう。

自分と違った考えを持っている人と上下関係でも、親子関係でも、主従関係でもなく、対等に議論を交わすこと。そのような議論を交わすことを対話と呼びたいと思います。問題はわれわれ日本人が対話することができるか、ということです。
　日本を代表する劇作家の一人である平田オリザさんの問題意識は「「対話のための日本語」は、まだないので、「対話のための日本語」を作り出さなければならない」というものです。その主張を知り、演劇や芸術の文脈ではなく、少し社会的に具体的にそのための議論をして下さりそうな方として、加藤哲夫さんのことが頭に浮かびました。加藤さんは、市民のワークショップ、議論、討論、さまざまな交渉を実際の場所で行ってきた新しいコミュニケーションの企画者であり、実践家でもありました。加藤さんに提案したところ、了解して下さり、対話のための日本語、それを市民の日本語、と呼び、これから市民の日本語を作り出そうという気持ちで世に問うのが、『市民の日本語』という書籍です。平田さんの発意については、のちほど改めて触れます。
　われわれの社会が、十分にコミュニケーションできていない。民どうし、民と官がコミュニケーションできていない、対話が上手く行っていないという現状を打破するのが、21世紀の課題です。NPO（市民活動）の社会的活動の中で実験かつ実践されていることばのやりとり、ワークショップやファシリテーションなどが、そのコミュニケーションできていない世の中を変革する兆しになるのではないか。この『市民の日本語』は、その兆しを表現したものです。
　2011年、お亡くなりになる前の病床で加藤哲夫さんから、本書とは別の企画ですが、対談集の企画の書籍化を依頼されました。何人かの方との対談です。その企画が実現できなかった

ことは大変申し訳ない気持ちでいっぱいです。お詫びしたいと思っています。その記録された対談の中で印象深かったことは、原発を容認して事故を起こすまで止められなかった東北のあり方についてとても許せないという加藤さんの気持ちでした。東北のあり方というのは、東北自体のあり方と東北を取り巻くあり方の両方です。市民が政治の主体であるのならば、政策決定に関わり、担えることが大事なことです。東北という中央から収奪される立場の地域が、自分たちの意志決定としてではなくて、受け入れてしまった、あるいは受け入れざるを得なかったということで、中央と地方、経済的中心地と経済的には弱者の立場にある地域の力関係の中で、あいまいなまま、あるいは存在しているのに検討できないリスクを、拒否できないかたちで引き受けねばならなかった、ということを加藤さんは重く受け止めていました。政策決定に市民が参加して議論を積み上げること、社会的な弱者と強者の間でコミュニケーションすること、専門家と非専門家で、まともな対話をすること、そういうことが本当に可能なのか、という問いであると私は受け止めました。様々な人と様々なレベルでことばで対話を成り立たせることができるかどうかは、重要な課題です。

　ここで、立ち止まって、付け加えておきたいことがあります。人々は、対話することを求めているのか、という疑問です。誰かに決めてもらいたいと思っているのではないか、という心配です。民主党政権の時代に、「仕分け」ということが行われ、税金の無駄遣いがないかが議論されましたが、それは、インターネットなどを使って公開裁判のような様相を呈していました。公開裁判はいいすぎかもしれませんが、公開議論ということでした。また、原子力発電所について、衆議という方法で議論するということも行われました。議論はするけれども有

効なことが決まらないという民主党の政策運営の仕方が拙劣な印象を与えてしまったため、「みんなで議論」をするよりも、リーダーシップがあるように見える方が、好ましいという社会の風潮が生まれてしまっていると思います。このことをどう考えるのか、議論をすることは民主主義的で理想であるということはできますが、その場合、時間とコストとストレスが生じます。そのことに耐えていけるのか、という問題があることを忘れるべきではないと思います。このことは別途議論するべき課題であると思います。あとで少しだけ触れます。

3. 柔軟な記述主義へ

なお、言語研究の考え方として、言語のあり方について、規範的な立場から批判的に語ると言うことをタブー視する考えがあります。言語はあくまで現状で話されているものをもとにして考えるべきであって、何らかの基準で実際に話されている言語を論評するべきではない、言語はこうあるべきだといういい方をすべきではないという考えがあります。これが記述主義です。これに対して、規範主義的な立場ですと、美しい日本語があってその規準に照らして、現在、話されている日本語は崩れていて、その崩れをなおさなければならないと考えます。それに対して、近代以降の言語学は基本的に記述主義の立場を取ります。あるがままの現実をそのまま認めようという考えです。

現状を尊重するという考えに立ちますと現状の言語についてコメントしてはいけないという考えにもなります。それは研究の出発点としては正当なものです。現状分析する際には、主観を入れないで、客観的にものごとを見る必要があるからです。それに対して、対話を可能とする日本語を作ろうという考え

は、対立しているように受け止められるかもしれません。本当は存在していない正当な日本語をさまざまな現実に生きる人々に押しつけることは、日本人以外も日本語を使うようになった現在、多文化共生の考えに異を唱えるものといわれるかも知れません。

　ここで、できあがった日本語を上から、日本語話者ではない人にも押しつける多言語多文化共生の考えに反対するものではないことを申し添えます。私の考えは、確固として成り立った日本語はそもそも存在していないという視点です。その上で、現在においては、市民が主体の民主的な社会にとって必要な市民の日本語は、いまだ存在していないから、これから、日本語母語話者でない人や多様な人々といっしょに創る、という考えで出発します。

4. 「対話」を巡る議論

　対話を巡ってのいくつかの議論を紹介します。その中でことばを考えるのにどういう視点が必要なのかを考えます。まずは、日本を代表する劇作家である平田オリザ氏の発言を取り上げます。

『対話のレッスン』（平田オリザ　2001）

> 「対話」（Dialogue）とは、他人と交わす新たな情報交換や交流のことである。「会話」（Conversation）とは、すでに知り合った者同士の楽しいお喋りのことである。
>
> 　　　　　　　　　　　　　　（「話し言葉の地図」p.8）

ゲラダヒヒのような重層的で平和な社会を築くためには、どうしても複雑な音声コミュニケーションが必要とされたのだろう。現にゲラダヒヒの持つ伝達メッセージのなかには、他者を安心させる、なだめる、懇願するなどの曖昧な表現が多く存在する。　　（「ヒトとサルのあいだ」p.42）

　日本は、封建制のくびきから解き放たれ、地域的にも、そして社会制度のうえでも、流動性を持った社会を形成し始める。学問や努力によって立身出世が可能となり、また身分を超えた恋愛なども登場する。そのとき日本人が、血のにじむような努力をし、新しい社会のための新しい日本語を生み出してきた（中略）。
　近代日本は、「演説」のための日本語を生み出し、「裁判（討論）」のための日本語を生み出し、「教授」のための日本語を生み出してきた。だがしかし、近代日本は、「対話」のための日本語だけは生み出してこなかった。対等な人間関係に基づく、異なる価値のすり合わせのための日本語だけは生み出してこなかったのだ。
　理由は明白であろう。近代日本の建設には、「対話」は必要とされなかったからだ。
　「対話」とは、異なる価値観をすり合わせていく過程で生じるコミュニケーションの形態、あるいは技術である。しかし明治以降130年、日本国は、異なる価値観をすり合わせていく必要それ自体がなかったのだ。
　　　　　　　　　（「対話のない社会（二）」pp.160–161）

　日本のようなムラ社会の集合体では、元来、本当の意味での対話の習慣などはなかったのだ。だが世界は複雑化

し、現代を生きる日本人は、他者との出会い、異文化との出会いを必然的に迫られ、対話の能力は以前にも増して要求されている。(中略)さて私は、この一連の文章を通じて、日本人の新しい対話の可能性が、何処にあるのかを探っていきたいと思う。　　　　　　　(「話し言葉の地図」p.11)

　平田さんの考えは、「対話の日本語」はこれまでになかった、というものです。「「対話」のための日本語」が欠如しているということ。私はこの欠如を出発点として、考えを進めていきたいのですが、この考えは強引かも知れません。欠如しているということが明白な現実なのかということと問題があると認めるとしても、日本語という言語の問題とするべきかということも検討する必要があるでしょう。人間関係のあり方、コミュニケーションの方法あるいはあり方、スタイルの問題、社会制度の問題なのではないのかという疑問です。
　そのこと自体も、議論のテーマとなりえることでしょう。しかし、あえて、人間関係、コミュニケーションの問題、社会制度の問題であったとしても、それらとともに、それらと関わってのことばの問題と考えることはできます。ことばを切り離して、考えるべきではないですが、とともに、ことばを切り捨ててそれらの問題であるということもできません。ことばにスポットライトを当てて、重要な問題としてとらえることができるのではないか、とまずは発案します。このこと自体も議論の対象となるでしょう。言語を考える場所から、この21世紀の現代社会を見ていくという立場を選択しておきます。

4. 明治の言文一致体の制約

　次に明治期に日本の作家たちによって作られた「言文一致体」について、研究されている安藤宏さんの発言を見てみます。

『近代小説の表現機構』（安藤宏　2012）

　　小説において言文一致が急速に一般化していくのは明治三十年代の後半になってからのことだが、これは、自然主義文学の勃興ともほぼ並行していた。（中略）言文一致を論じる際には必ずといってよいほど「写実」と「描写」の二語がキーワードとして顔を出すことになる。（中略）
　　本来口語は対話の中で即興的に発話されるものである。したがって、そもそも叙述者の判断を抑制し、客観性を打ち出すためにこそ口語的要素が必要だ、という議論がおかしなものであるはずなのだが、「再現＝表象」の幻想のもと、結果的には"話者の顔の見えない話し言葉"を理想とするという、きわめて倒錯した、フィクショナルな理念が小説に強いられることになったのである。　　（p.42）

　　その後の自然主義の小説は、大勢としては対話への方向を抑制し、「～た」の定着に向けて動き出すことになったとみてよい。　　　　　　　　　　　　　　（p.50）

　　小説文体としての「言文一致」は、"話し手の顔の見えない話し言葉"を書き言葉として表記していくという根本的な矛盾を抱えており（後略）　　　　　　（p.68）

ここで言われていることを、私の視点から言い換えると、近代の日本を支える言語として、「言文一致体」を客観的に描写できる文章としてつくったということとその際に「対話の方向を抑制した」、「話し手の顔の見えない話し言葉」として作ったということです。
　そのことから、さらに考えられるのは、対話を抑制したことばは、傍観者の言語を産み出したのではないかということです。近代の文章が、情感や感情を表すよりも、客観的で、没個性的な文章を必要とし、人間関係をも作り出したのではないか。語り合い性のもう少し強いことばで、近代の日本語を作ることはできなかったのか。言語自体に、ステレオタイプ化、呪文語化、専門語化、傍観者語化しやすい傾向というものがあるということはないのか。対話性・当事者性を意識してこれからの21世紀の日本語を作りかえることはできないものなのか。言語として、対話性を調整することは可能なのか。人工的に対話しやすい日本語を設計できるのか。言語改造というような極端な考えが浮かんできます。
　日本語が、明治時代の言文一致創出の時代に、近代的日本社会をつくるためにという目的のもとで、無意識にしろ、対話性を押さえ、客観性を高めようとしたといえるのか、検証する必要があります。翻訳語など言語の材料と文壇や学校などの場所、新聞・書籍、印刷技術などのからみあいの中で生まれたということになるでしょうから、話しは複雑です。言文一致が作られた時、もう少し対話性あふれる言語としてつくられてもよかったのではないかという、疑念をいだくことができるだけかもしれません。
　そうすると将来、ことばを設計し直すことができるのでしょうか。ことばの設計ということを考える時に、言語研究がデー

タを出すであるとか、決めるのは市民であっても言語の専門家として案を出すということはありえるかもしれないということを思います。対話性の度合いをチューニングするというようなことは可能なのでしょうか。

5. ことばの研究の課題

　加藤さんの指摘を元にことばとことばの教育について考えます。

『市民の日本語』（加藤哲夫　2002）

> 今の中学生のコミュニケーション能力や人間関係について、いろいろな批判があって、よく「ダメだ」というふうにいわれるんですけれども、わたしはそうじゃないと思うんです。ちゃんとした「場の設定」、あるいは働きかけがないからやりとりができないのではないか。「会話」でもなく「お説教」でもなく、彼らにまともに届くような言葉というものを、大人も教師ももっていない　　（pp.22-23）

> グループ全体で、まちづくりのテーマを選んでディスカッションをしてもらうこともやりました。その時に、たとえばディスカッションを六人のグループですると、特定の人がずっと喋っている危険性があります。それをさけるために「トーキングスティック」という、流木なんかをもって、もった人だけがずっと話をしていいという、ネイティブアメリカンの人たちの使う方法があるんです。それを、たとえばぬいぐるみとか鉛筆とか、何でもかまわないんで

すがトーキングスティックの代わりにして、一人ずつそれをもって与えられたテーマについて自分の意見を話す。他の人は黙っていて絶対に割り込まない。終わったら次に話したい人が話す。そういうやり方をグループでやってもらったんです。そうすると、それは普通に、誰かリーダーとかの「喋れる人が喋って聞く人は聞いて、わからない人は喋れない」というのとは全然違う、自分は「その問題についてどんなに稚拙なことであっても思っていることを時間が保証されてちゃんと聞いてもらえて喋れるという体験」ができるわけです。　　　　　　　　　　　　(p.27)

　「感じたことをそのまま書いていいんですよ」といったら何人もの子どもが「本当にいいの？」と声を上げるわけです。だからそれは、何か正解があってそれを当てるというか、正解を書かなくてはいけないんだというふうに小学校1年生から6年生まで思い込まされているということです。　　　　　　　　　　　　　　　　　　　(p.37)

私たちのコミュニケーションには4つの課題があると加藤さんは言います。

(1) 人とコトを分けられない
(中略) 感情を外に置いといて議論をしましょう、論理だけで議論しましょうという話は、ある種のヨーロッパ型の個人を前提にしています。
　私はそれいいのかっていう問題を考えていて、むしろたとえばネィティブアメリカンの人たちの議論の文化なんかは、感情とか精神とか魂が語らなきゃいけないというとこ

ろをもっているわけです。そういうところを私たちは取り戻した方がいいのかもしれないと思います。グループコミュニケーションの技術のなかで、今感じていることを話をするとか、感じていることと考えていることをミックスさせていくとか、そういう場をつくらなきゃいけない。

(pp.178–179)

　大学でロジカルライティング、ロジカルリーディング、ロジカルシンキングを教えようということが近年重要視されてきています。当然、論理的ということを尊重します。論理的であることは重要ですが、感情を含めた議論をどう認め、設計していくかということも重要だという指摘だと思います。ディベートのようにその場の議論をスポーツのように勝ち負けを決めて、勝った人、負けた人を作り出すということではなく、同じ地域にお互い住んでいるのであれば、勝ち負けではなく、納得する議論のあり方というものの方が重要になります。そういう議論はどうやって起こるのか、促進することができるのかというのは重要な研究テーマだと思います。経験の豊富な職人的なファシリテーターが担うことが多いと思いますが、どういう言語的な活動なのかを分析することも重要ではないでしょうか。

　(2) 世間が存在する
　(中略) だからカードに書くとか、ポストイットに書くとか、発言の順番をバラバラにするとかいろんな方法があるんですが、人の顔色を見て喋るのではなくて、人の意見に左右されない、前もって自分で考えて自己決定してもらった意見を用意して置いて、それからコミュニケーションする。そういう場のあり方をつくらないと、議論ができない

のです。（中略）トレーニングして繰り返していくと、書けるようになってくるわけです。　　　　　　　　（pp.180–181）

　議論をオープンにする技術というものがあるのであれば、そういうものは共有した方がいいと思います。そういうノウハウ技術を、ファシリテーターとかコーディネーターなどの専門職の人々の特殊技能にしてしまうのではなくて、学びあうにはどうしたらいいのか。議論術のようなものを、日本語の教育の中で学ぶカリキュラムを作っても良いのではないでしょうか。その前提として、話し合いや議論の研究をというものがもっともっと行われる必要があると思います。
　加えて、意見ということでいうと自分の意見というものを持つことは容易なことではなく、自分の意見をオープンにしてよいという環境がなければ、自分の意見を持つことも容易ではないでしょう。そもそも、自分の意見を持つことができるような前提というのはどういうものなのか。学校教育の中で、自分の意見を持つということはこれまで、あまり尊重されていなかったのではないでしょうか。民主主義の原則は、各個人がそれぞれ、自分の意見を持つということでしょう。本当にそのことが実現可能かということを冷静に考えることも重要ですが、自分の意見を持って自分の意見を主張できる、ということを義務教育の目的とすることがあってもよいのではないでしょうか。そうだとした場合に、義務教育、学校教育はどうあるべきか、という教育学、教育政策学の課題になるはずです。その中に当然、言語教育と言語教育政策についての研究が重要になってきます。

　　（3）自己チューが増えている　　　　　　　　　（p.181）

自分を持つことは貴重なことですが、自分と似た考え方を持っている人たちとだけしか、話すことができないということでは、実際の社会はなりたたないものです。社会は異なった考え、異なった文化を持つ人々との共同体ですから、社会的なコミュニケーションにもかかわらないで、実際にコミュニケーションというものを設計できるのか。

　(4) 学級委員会方式が民主主義だと思っている
　(中略) 論理的で声が大きい強者が勝つという民主主義なんです。
　これは一応論理が優先されています。非論理的でも声が大きければ勝つという危険性ももちろんありますし、実際にはそういう例も多いですが、そういう点でもともと権力のある人、声の大きい人、そしてある程度論理的な人の方が優位に立つという民主主義です。それ以外の技術がないということです。これはやっぱりものすごい欠点で、この限界を超えなきゃいけないのですが、このことに支配されているために他の方法を誰も考えないんです。(p.182–183)

　多数をしめて、数が多い方が決めてしまうというやり方。正しいことをいいそうな人がいて、だれの発言が受け入れられやすいということが判別できてしまうような事前の予定調和。そういう場合、いわゆる学級委員長のような、理路整然として、声が大きく、多くの人に信頼されているとされている体制派のリーダーのような人が、議論を進めがちと言うことがあります。

　それに対して、加藤さんはまず、議論の進め方自体に、いく

つかのパターンがあって、どれか1つが正しいと言うことではないはずだといいます。加藤さんは、人間の議論には3つの類型があるといいます。次の3つです。

「辞書構造型」
「文脈物語型」
「雑誌点滅型」

　ここで私がいいたいのは、厳密にこのような3つの類型があるということではなくて、話し方にはスタイルがあり、人によって、得意なスタイルが違うということと社会的に評価が異なっているということです。この3つは、それぞれに独自の価値があるといいたいわけです。どのスタイルかによって、本来、優劣が決まるわけではありませんが、学級委員会型は、社会の中で中枢的な位置にいることが多いスタイルですので、『市民の日本語』の中では、批判的に扱われています。強者が勝ってしまいがちな思考スタイル・会話スタイルについては、注意を払う必要があります。説得力や権力性の観点から、会話スタイルの研究を進めていく必要があるのではないでしょうか。

6. ゴミの集積所のコミュケーション

　現場に基づいて、コミュニケーションの問題解決に関わった具体的な事例として、加藤さんの取り組んでいたゴミ集積場のコミュニケーションについて触れます。加藤さんは、せんだい・みやぎNPOセンターの理事として、市政のコンサルタントを行い、ゴミ集積場のコミュニケーションの問題の解決策に

取り組んでいました。様々な会話スタイル、様々な思考スタイルを認め、誰かを除外しないで、お互いにコミュニケーションしていくという立場から、加藤さんは、ゴミ集積場での問題として、ルールが分かっていない人を叱るのではなくて、コミュニケーションを取りながら、教えあい、自主的に地域のルールに参加することを支援することで解決しようとしてきました。「クリーン仙台推進員活動の秘訣」の中のことばを引用します。ちなみに、クリーン仙台推進員制度という制度は、当該のHPによると以下の通りです。「「クリーン仙台推進員制度」は、町内会等から推薦された方々を「クリーン仙台推進員」、「クリーンメイト」に委嘱して、各地域でのごみの適正な排出や減量、リサイクル等の活動のリーダー的役割を担っていただくことで、快適な生活環境づくりを市民と行政が協働して、効果的に進めていくことを目的とした制度です。（平成７年８月導入）」（「クリーン仙台推進員制度」仙台市役所 http://www.city.sendai.jp/sumiyoi/gomi/kankyo/120422_1569.html）　その中で次のように述べています。

> 推進員活動のコツをいくつかご紹介します。まずは「責めない」ということです。これがとても大事です。というのは「指導」という関係になると、犯人探しをしてあんたが悪いとか、あんたが態度を直せとか、どうしてもそういう関係になりやすいですね。コミュニティの問題解決は、ずっと一緒にそこで生きていく関係作りなんだと考えないといけません。それが前提なのであって、やはり大きな喧嘩をしてしまうということにならないようにしていただきたいわけです。多少ごみは減っても、地域の仲が悪くなったら、あまり意味がないんだというふうに思っていただき

たい。無理をしないでいただきたい。そして、姿が見えない、ルールを守ってくれない相手の行動を変容させるにはどうしたらよいかと考えて、相手ができない原因を考え、情報の提供や支援を考えるわけです。いろいろな利害関係者がいる問題では、関係者がみんな、そこそこに満足する方法を考えていく。そうでないと、ずっと対立が続くということになると思います。（クリーン仙台推進員 活動の秘訣（http://www.city.sendai.jp/kankyou/haikibutsu/clean/01_jirei/01_00_kato.html））

　コミュニティでのコミュニケーションが重要といういいかたはよくされますが、具体的に議論されていないことが多いです。それに対して、加藤さんは、コミュニケーション不全の状態を改善していく方法を具体的に提案していました。具体的なのですが、加藤さんが正しい道を教えるというのではなく、実際のコミュニティの人々が気付き、共有する方法を提唱していたというところが、加藤さん的だと私は思うのです。この文書といっしょに事例の紹介も行っています。街々での、ゴミをきちんと決まり通りに捨ててくれない人々とどうコミュニケーションをとって、収集場を綺麗にしたかという、コミュニケーションの成功例を集めているのです。また、この文章の最初で申し上げましたゴミの問題をどう解決しようとするかということが、「お上」からのことばではなく、住民同士であったり、住民とその場所を通る人との双方的な相互のコミュニケーションのことばを作るという活動なのだということがわかります。

　さきほどの文章は平成7年8月導入時の文章に基づくものですが、その考えは、加藤さんが亡くなった後も発展的に継承されています。発展形としての「クリーン仙台推進員クリーンメ

イト活動の手引き」の中に、そのゴミ集積場での問題をその場所で解決するだけではなく、〈文化を育てる〉という考えが提案されています。加藤哲夫さんのクリーン仙台の活動を引き継いだ遠藤智栄さんの文章です。次のような箇条書きがあります。

　〈話し合いの文化を育てよう〉
　●会話＝筋道よりも自由さ。思いつくまま話す
　●対話＝自分を主語にして話す。判断を保留し、異なる意見を受け止め、背景を探る
　●議論＝意見を交わし、より良い答えを見つける。事実や論理を大切にする
◆アイデアを多く出してほしい場合の話し合い時のルール例
　①批判禁止　②たくさん出そう　③とっぴな案も歓迎
　④連結・応用もOK

◆物事を見るときの6つの視点
　①中立的視点（事実やデータを大切に）　②感情的視点（人の思いや気持ちで）　③批判的視点（消極的に考えてみる）　④希望的・積極的視点　⑤創造的視点（何か創り出せるか）　⑥思考プロセス的視点（段階を考える）
（平成25年7月　編集・発行　仙台市環境局廃棄物事業部廃棄物管理課（http://www.city.sendai.jp/kankyou/haikibutsu/clean/pdf/jirei/2013_all.pdf））

「話し合いの文化を育て」るということがここで述べられています。「話し合いの文化」ということに注目していることは、重要なことだと思います。文化であれば、それは天然のも

市民の日本語、という課題を設定する　27

のではなく、作り出し、構築することができるということです。とともに、文化は蓄積や時間的な長さをもった営みでもありますので、一過性のデザインやアイディアとは違い、一朝一夕で、頭の中で簡単に作り出したり、作りかえたりできるというものではありません。それを「育てる」ということが重要になってきます。文化を育てると言うこと。育てるためには、時間がかかります。そういう文化を創出することに、ことばの研究が関わっていくことができるのではないかと思うのです。

　話し合いの文化をつくるという考えは、大崎市の合併協議から10年以上にわたって同市にアドバイザーとして関与してきた櫻井常矢氏が助言している平成22年の『大崎市パートナシップ会議に関する指針』に見ることができます。平成26年には、「大崎市　話し合う協働のまちづくり条例」になりました。趣旨は以下の通りです。

　　この条例の特徴は、市民と行政が互いに知恵や情報を出し合い、ともに考え、ともに話し合いながら、ともにまちづくりを進めていくことを約束した市民生活に根差した身近な条例として、話し合いを大切にした協働のまちづくりの姿を定めている点です。お互いが解決しなければならない地域課題が何であるかを明らかにしながら、それぞれの役割を果たし解決し、個性豊かで活力に満ちた笑顔あふれる地域社会の実現を目的としています。
　　（大崎市役所HP　http://www.city.osaki.miyagi.jp/annai/shiyakusho/torikumi/19.html 201501.21.閲覧）

　先に民主党時代の「みんなで議論」しようというやり方が必ずしも支持されるわけではないと言いました。議論のコストに

耐えられるのか、ということも指摘しました。考えるべきなのは、議論をする文化は創らなければならないということです。「対話の日本語」もないのと同様に、今はそういう文化もないのですから、作りだし、そのコストに耐えられる気風や文化を時間をかけて創る必要があるのだと思います。拙速は危険です。そんなの耐えられないと思うなら、リーダーに決めてもらう方がよいと多くの人が思うでしょうし、そうなれば民主主義的な運営ではなくなります。極端にいうと、指導者に決めてもらう仕組みの方が、むしろ、いいということになってしまいます。

　この点で参考になると思われますのは、アメリカオレゴン州のポートランドの市民参加についての議論です。行政と市民参加について研究されている西芝雅美さんの議論を紹介します。

　　市民は、自分たちはこういうところに住みたいという明確なビジョンを持っていて、それをどうやって実現するかを考えるスキルもあった。行政が市民参加してくださいと言うだけではなく、どうやればみんなの意見をまとめられるかを市民側が考え、多様な意見をまとめるリーダーや、そういうことのできるスキルを持った人たちがポートランド市民の中にたくさんいたのが、一つの大きな要因ではないかと思います。そういうスキルを持った人たちが人を動員して意見をまとめ、行政に対して主張していったら結果的に成功例となった。ただ放っておいて成功するわけではなく、市民にそれなりのスキルがなければ成功にはつながりません。そのうちに、市民側には参加するのがあたり前のような気風が出てきたのです。
　（「日米の行政と市民参加～米国オレゴン州にみる市民意識

〜」(西芝雅美2008年11月22日・守山市立図書館における講演記録による))

　多様な意見をまとめるリーダーが必要であるということと、成功例を積み上げていくこと、成功体験を積み重ねるということが重要なのだと思います。いきなり、行政の内容と効率を判断しないと議論ができないはずの高度な議論である「仕分け」に、大人数でルールを尊重しながら進めていかないと行けない「衆議」を導入するというのは、拙速すぎたのではないでしょうか。話し合いの文化を、学ぶ機会や経験を経ないで、議論の方法や形式だけをいきなり変更しても、実効性のあることをしようと考えるのは困難だと思います。デザインだけを良いデザインにかえれば、上手くいくというのは安易な考えで、文化を創り、成功体験を積み重ね、その文化を継承していってはじめて、対話は行いうるようになるのではないでしょうか。学習や教育は時間が掛かるとともに重要なわけですが、頭のいい人はデザインさえ変えればなんとかなると思いがちであると思います。

7. あたらしいことばの研究を生み出そう

　「市民の日本語」を作り出すことを「話し合いの文化を育てる」ことだと考えた上で、言語と言語教育の問題として考えて、ことばの研究に引き寄せたいというのが、私の願いです。言語研究がその課題を担いうると考えています。述べてきたことは、今の段階では、願望に過ぎないかもしれません。しかし、「話し合いの文化を育てる」ことが、私たちのこれからの社会に必要であるのなら、そのことについて、真っ正面から、

議論する研究があっていいのではないか、と思うのです。言語研究がそれを担いうるのではないか。その時、もしかしたら、これまでの言語研究とは違ったかたちの研究になるかも知れません。新しい「ことばの研究」として別のものとして創出されるのかもしれません。くりかえしになりますが、ことばを核とした研究が生まれて良いのではないかと思うのです。今回のこの小さな本が社会の新しいニーズに応えたそういう新しい学問の誕生を呼び起こすことのきっかけになることができれば、幸いです。新しい研究の芽を育みたい。そのために、加藤哲夫さんは、発想の出発点となるさまざまな提案と実践を行っており、そのことを振り返ることと捉え直すことが新しいことばの研究のために意味があることだと思いますし、ひいては新しい話し合いを可能にする社会を作ることにつながるのではないかと思うのです。

参考文献

安藤宏 2012『近代小説の表現機構』岩波書店
遠藤智栄 2011「クリーン仙台推進員クリーンメイト活動の手引き」
　　（http://www.city.sendai.jp/kankyou/haikibutsu/clean/pdf/jirei/2011.pdf）仙台市環境局
大崎市 2012 大崎市パートナーシップ会議に関する指針（http://www.city.osaki.miyagi.jp/annai/shiyakusho/torikumi/download/partner-shipkaigi.pdf）大崎市パートナーシップ検討会議、大崎市
大崎市 2014「大崎市話し合う協働のまちづくり条例」（http://www.city.osaki.miyagi.jp/annai/shiyakusho/torikumi/download/

hanashiau_kyoudouno_machizukuri_jourei.pdf）大崎市協働のまちづくり条例策定委員会、大崎市

加藤哲夫2002『市民の日本語』ひつじ書房

加藤哲夫2009「クリーン仙台推進員　活動の秘訣」（2007年7月のクリーン仙台推進員委嘱式の講演をベースに、大幅に加筆しました。）http://www.city.sendai.jp/kankyou/haikibutsu/clean/01_jirei/01_00_kato.html 仙台市環境局廃棄物管理課

中島義道1997『「対話」のない社会―思いやりと優しさが圧殺するもの』PHP研究所

平田オリザ2001『対話のレッスン』小学館

市民の日本語と「話し合い」

村田和代

1. はじめに

　本論に入る前に、私自身の研究の背景について紹介します。専門は社会言語学です。社会言語学とは、言語を社会との関わりでみようとする言語学の一分野で、その射程は言語政策や言語計画、言語変種、言語接触といったマクロの視点からの研究だけでなく、会話などのコミュニケーションを社会的な営みととらえ、社会条件（人間関係、場面、状況、話題等）との関連からことばのやりとりを分析するミクロのアプローチまで含みます。私自身は、話し言葉の分析やフィールドワークを通して、英語を媒介とした異文化間コミュニケーションの研究からスタートしました。2006年にニュージーランド、ウェリントンにあるヴィクトリア大学の職場談話研究プロジェクト (Language in the Workplace Project[1]) で在外研究の機会をいただき、英語・日本語の職場談話の研究を始めるようになりました。ビジネス・ミーティングの日本とニュージーランドの比較をしたことから、同じく多人数談話の話し合い談話にも興味をもつようになって今に至ります。「人にやさしいコミュニケーションのエッセンス」をみつけたいと思って、これまでずっと「ポライトネス」の視点から研究しています。コミュニ

ケーションの機能は、情報を伝達することだけでなく、人と人の関係を紡ぐ役割も担っています。対人関係とことばというと日本語ではまずは敬語を連想しますが、「ポライトネス」はもっと広い概念です。たとえば、相手に共感を表すことや、ユーモア、雑談もポライトネスに含まれます。

　話し合い談話に興味をもったきっかけは、同僚が関わっていたまちづくりのワークショップを収録したDVDを見せていただいたときにさかのぼります。いろいろな立場の方が初対面に近い状況で、地域について語り合ってらっしゃる中で、進行役の方が非常に上手に進行されていました。ファシリテーターという役割もその当時は知らなかったのですが、ビジネス・ミーティングの司会者の言語的ふるまいとはあまりにも異なっていて、おもしろいなあ、調べてみたいなと思ったのです。これが動機となって、2008年から「龍谷大学地域公共人材・政策開発リサーチセンター（LORC）[2]」研究メンバーとして、まちづくりをめぐる話し合い談話の研究を行っています。そこでは、深尾昌峰先生はじめまちづくりを支える現場の方々のご協力を得ながら、ファシリテーターやマルチセクター型の話し合いの研究を行い、そこで得た知見を活かしながらファシリテーター育成プログラムの開発や実施も行っています。さらに、龍谷大学政策学部においては、院生・学部生向けの話し合い能力育成プログラムの開発・実施に携わっています。これら一連の取り組みを通して、「市民の日本語」が身近に感じられるようになりました。

2. これからの社会に求められる「話し合い」とは

　加藤哲夫さんの『市民の日本語』（2002）からことばを借り

ながら社会の変容について考えましょう。「近代社会は、大雑把に言えば、声が大きくて論理的で理性的な人間が議論の主導権を握る社会で」(p.5)、「教室のような、先生が正しいことを話し、それを受けてただ理解するというコミュニケーションのスタイル」(p.6) が受け入れられてきました。「決定するのは一部のリーダーで、それにしたがえばいいという時代」(p.6) だったのが、それではうまくいかなくなってきたのです。これまでトップダウンで決定されていたのがそれではだめだという方向に動いてきたのです。

　現代社会、特に今世紀に入って社会の持続可能性が問われるようになってきました。今の社会がかかえる様々な問題については、「正しい結論を誰かが持っているわけではないということに」(p.6) 専門家だけでなく、市民自身が気づきだしたのです。もう少し具体的に言えば、「環境問題や地域の問題が社会の大きな課題として私たちの生活の中に立ち上がってきていますが、これは、誰かに正解を決めてもらえばすむような問題ではなくて、その地域に住む人々一人ひとりの問題」(p.6) となり、それは「自分たちも当事者としてかかわっていくことがらである場合が多い」(p.10) のです。

　自分たちが当事者として課題解決に関わる必要が出てきたわけですが、課題解決のためには、まずは地域で情報交換や意見交換を行う必要がでてきます。一昔前の日本なら、地縁のつながりが強く、私自身の子供のころを思い出しても、近所の人たちと井戸端会議をしたり、寄合をしたり…ということが頻繁にありました。一方、現代社会では、地域のつながりは希薄になって、自治会加入率も半分以下というところも少なくないと聞きます。特にマンション暮らしならなおさら近所の方とコミュニケーションをとる機会がないという人も多いのではない

でしょうか。

　このような地縁コミュニティへの帰属の希薄化だけでなく、昔なら言わなくてもわかっていたことが、価値観や考え方が多様化し「個」や「多様性」が重視されるようになってきて、言葉で伝える必要がある場合が多くなってきました。私の「常識」が必ずしも他人の「常識」とは一致しないと思うことも多いのではないでしょうか。これまでは言わなくてもわかっていたことが、「言わなければわからない」というケースが多くなってきました。

　地域コミュニティ内のコミュニケーションの問題だけではありません。たとえば環境問題のように、地域だけで解決できないような問題も増えてきています。トップダウン式にものごとを決めるのではなく、参加型で決めていく必要性が出てきた現代社会においては、自治体、企業、NPO、ときには学校や大学といったさまざまなセクターの人たちともコミュニケーションをとる必要が出てきました（白石2004，白石・新川2008）。

　このように、日本社会の変容は大きく、加藤さんの本でも主張されているように、新しい社会を作り出していくためには新しいコミュニケーション方法を生み出していく必要があるのです。市民参加型・マルチセクターによる協働型社会を新しい社会と位置付けるなら、新しいコミュニケーションとはどのようなものでしょうか。私は新しいタイプの「話し合い」を提案したいと思います。

　まちづくりをめぐる市民参加型の話し合い、主としてワークショップ[3]形式のものをフィールドワークや談話分析をさせてもらっているのですが、その話し合いの特徴をまとめると、①参加者が産官学民といったセクターを超えた人びとからなり、②価値観や利害の異なる人びとによって行われている、③

当該テーマについての、知識量も異なると言えます。参加者はある地域に住む、働く、オフィスを構える等、さまざまなかたちで関わっていて、おそらく多くの場合は今後も長期的に関わると想定されます。したがって、④参加者たちが立場を超えて、継続的に協力していく必要がある、ということも特徴でしょう（村田2014a）。

　公的文書や市民参加に関する専門書では、「討議」という表現がよく用いられています。しかし、「和を以て貴しとなす」という格言が表すように、同調性が好まれてきた日本社会では、欧米発の意見を戦わせる「討議」や「討論」「ディベート」[4]といったタイプは、適合しないのではないでしょうか。加藤さんも『市民の日本語』で述べているように、日本社会は人とことを区別することが難しい社会です。欧米のように論理的に相手を打ち負かす手法が、日本の社会でうまくいくとは考えられません。さらに、上で述べたような市民参加型の話し合いの特徴を鑑みても、今後も長期的に同じ地域に関わっていく人びとの間で、意見を戦わせて勝ち負けが決まり分断するのは避けるべきであるのは明らかです。しかし、一方で、価値観や感性が多様化した現代社会では、「私の常識は他の人にとっても常識」という考え方は、もはや通用しません。多様な意見や価値観をまちづくりの場で反映させていくためにも、これからの社会に求められるコミュニケーションのスタイルとして、新しいタイプの「話し合い」がふさわしいのではないかと思うのです。

　新しいタイプの「話し合い」は、意見を戦わせて勝ち負けを決める方法ではなく、日本社会に昔からある「場」を大切にしながらコンセンサスに到達する方法です。ただし、意見を言わずして空気を読んで結論を察知するような、あるいは、力のあ

る人や年長者の声が大きくて、立場によっては意見が言えないような従来の日本社会でイメージされる話し合いではありません。対話は、英語の"dialogue"で、その語源は"through + speak"です。話すことで、異なる価値観をすり合わせていく、違いを交渉しながら着地点を見つけていく相互理解のためのコミュニケーションです。しかし、対話を通して同化するのではありません。対話だけでは不十分です。着地点を見出だすまでは異なる意見を出し合うことが必要で、とりわけ立場を超えて発言できるコミュニケーションの場（equal playing field）でなければならないのです。これは、議論（discussion）の特徴でもあり（Nagda et al. 2008）、筆者が提案するのは、対話だけでなく議論の要素も持ち合わせた新しいタイプの「話し合い」です。さらに、「話す」という一方通行のスタイルではなく、文字通り「話し」「合う」。つまり自分が話をするだけでなく相手の意見を「きく（聞く・聴く・訊く）」ことも欠かせない双方向のコミュニケーション活動であるべきなのです。

　これからは、多様性を認めながらお互い対等に話ができる新しいタイプの話し合いが必要です。これをうまく進めていくためにはどのような点に気をつければいいのでしょうか。次節ではこれについて述べたいと思います。

3.「話し合い」のエッセンスとは

　本節では、コミュニケーション研究の視点からのまちづくりをめぐる市民参加型の話し合いの考察や、ファシリテーター育成プログラム・話し合い能力育成プログラムの開発・実施を通してみえてきたことを紹介します。それらを踏まえて市民参加型の話し合いに求められるエッセンスを考えたいと思います。

①異文化間コミュニケーション

　まちづくりの話し合いでよく聞かれるのが、「お役所の言葉はわからない」「あの人とは文化が違う」といった言葉です。私はこれまで、異文化間コミュニケーションを研究する際に、文化を国ないしは言語を基準に考えてきました。しかし、「文化」を共有するコミュニティというのは、必ずしも国や言語、民族とは限らないのです。確かに、言語学で言う「スピーチ・コミュニティ」のように生まれ持った場所、母語、性別といった生まれもった特質やアイデンティティを静的（static）にとらえたコミュニティのメンバーが文化を共有すると言えるでしょう。一方、特に近年、コミュニティをもっと動的（dynamic）にとらえようというアプローチが出てきました。実践コミュニティという考え方です（Lave and Wenger 1991）。実践（私たちは言語研究者なので主としてコミュニケーション活動を実践ととらえます）を通して文化を形成するという考え方です。特に私自身が職場談話を研究しているので、これはとても有効な概念です。たとえば、日本文化を共有していても職場によって文化は異なります。日々の実践を通して、一緒に実践を行うコミュニティのメンバーと言葉や価値観を共有するようになっていくと考えるわけです。ですから、同じ地域であっても、そこには自治体の文化があるしNPOの文化もあるわけです。

　文化をコミュニケーションに関連付けて考察すると、文化が言語的ふるまいに影響を与えることがわかります。私の研究でもこの点は実証されました（Murata 2015）。ニュージーランドのある会社では、ミーティングメンバーがみんなでユーモアを協力して構築していきます。また、部下が上司をからかうというのもよく見られました。一方、日本で調査した会社では、

ユーモアを言うのは社長かミーティングの司会者、ないしは、そのミーティングの話題に関して責任のある人でした。ここではニュージーランドと日本文化の違いが出ているわけです。多文化国家であるニュージーランドでは、egalitarian（平等性）ということが重要な価値観で、一人ひとりが平等であると考えます。一方、日本では、個人を重んじるよりも集団の中の「立場」を重んじるという考えがあります。同じ研究で、ニュージーランドの会社のビジネスミーティングでみられる典型的なシーンを日本の会社3社で見てもらってどのような感想をもつかを調べる印象調査のグループインタビューも行いました（村田2014b）。対象は、日本国内にある外資系の会社、広告系の自由な雰囲気の会社、地域密着型の会社の3社です。同じ日本国内にある会社であるから同じような受け取り方をしたのでしょうか。結果は、見事に会社によって反応が異なりました。日本文化というのが根っこにあっても、それぞれの会社の社風によって言語的ふるまいが異なるのです。もうひとつ、これらの研究を通して興味深い結果が見られました。社会言語研究者のタネン（Tannen 2005）の研究でも言われていることなのですが、自分の言語行動のパターンと同じあるいはよく似たパターンに対しては肯定的な反応をするけれども、異なるパターンに対しては否定的な反応をするということです。私の印象調査でも、「うちの会社ではよく見るパターンだから普通だ」といった意見が多かった一方、「こんなシーンはうちでは見たことがない。これがほんとに会議のシーンなのか。ふざけているみたいで許せない。」といったパターンの意見も多かったのです。

　これは、話し合いのやり方についてもあてはめることができます。話し合いに参加した自治会長のAさんは、地域のさま

ざまな活動を率先して行っています。自治会の集会でも自分がしきって自分の意見を積極的に取り入れます。日常このような経験をしているので、地域で活躍している人が率先して意見を言うのが当然だと思っているわけです。続いて、Bさんは、その地域にある中堅企業のワンマン社長です。普段の会議では、議論するというよりも、Bさんからの一方的な話に他の参加者が合の手をうつだけの報告で終始します。Bさんは、日常業務を通して知らず知らずのうちに、権力をもっている人間が会議の発言権をもつという状況が普通だと思っているわけです。一方、NPOのスタッフのCさんの職場では、年齢や立場にこだわらないでクリエイティブな意見を出し合うことをよしとしている。こういった人たちが同じ場で話し合ったら、どうなるでしょう。Aさんが、いつもの調子で話し合いを仕切って一人話し続ける。これに対して、Bさんは、我慢できずに話の途中で割り込んで強引に自分の意見を主張する。Cさんや他の参加者たちはどこかで意見を言おうとするものの、AさんBさんに圧倒されてしまって何も言えなくなってしまう。話し合いがうまく進まないどころか、「あの人はなんて常識外れなんだ」「私のやり方が正しい」「こんな話し合いに参加しても意味がない」といったように不快感だけが残ってしまうのです。

　まずは、バックグランドが異なると話し合いの仕方もことばも異なるということを認めることが大切なのです。

②ファシリテーター

　異文化間コミュニケーションが行われる話し合いの場では、各自の話し合いのやり方も違うのでうまく進まないというケースも当然起こります。ここで重要な役割を担うのがファシリテーターです。ファシリテーターとは、"facilitate"という英

単語から来ています。"facilitate"は「容易にする、促進する」(『リーダーズ英和辞典第2版』)という意味で、ファシリテーターは直訳すると「容易にする人、促進する人」です。

もう少しわかりやすく定義しましょう。ファシリテーターとは、議論に対して中立的な立場で議論を進行しながら参加者から意見を引き出し、合意形成に向けて提案をまとめる調整役で、近年社会活動や地域住民活動においてその役割が注目されています（堀2004，今川他2005，土山2008，村田2013）。話し合いに対して中立的な立場の第3者がファシリテーター役を担う場合が多いですが、自治体主催の市民参加型の話し合いでは、自治体職員がファシリテーター役を担うという場合もあります。

ファシリテーターの言語的なふるまいにはどのような特徴があるのでしょうか。紙面の制約上詳しい分析は割愛しますが、談話分析やフィールドワークを通して、以下のような共通した特徴がみられました[5]。

まず、話し手（司会進行役）としてファシリテーターは、参加者全員に視線を配り、全体を通して、発言権を公平に配分するよう様々な工夫をしています。また話題の変わり目には、その時点までにどのような意見が出たか、どこまで決まったかについてのまとめをして次の話題に進むといった特徴が見られました。

ファシリテーターは、話し合いの進行役と位置付けられていますが、実は聞き手としての役割も大きいこと、つまり「聞き上手」だということが談話分析から明らかになりました。積極的に「きく（聞く・聴く・訊く）」ことを示す言語行動がファシリテーターに共通してみられました。参加者が発言している間に「はい」「うん」「なるほど」といったあいづちをうった

り、「確かにそうですね」「同感です」といった共感や同意等を表明するだけでなく、メンバーの発言をさらに詳しく知るための質問を投げかけるいった方法で、積極的に聞いていることを表すような言語的なふるまいを効果的に使用していることがわかったのです。

　このようなふるまいは、参加者をわけへだてなく配慮し、一人ひとりを意識した言語的ふるまいで、参加者が立場を超えて臨めるような平等な話し合いの推進に役立っています。さらに、話し合いの進行に誰でもがついていけるようにという配慮でもあります。

　一般的には話し合いの進行役と位置づけられているファシリテーターですが、実は異文化間の調整役としても大きな役割を担っているのです。市民参加型の話し合いにファシリテーターは欠かせないのではないかと思います。

③話し合いの場の構築

　まちづくりをめぐる話し合いで特徴的なのが、本題に入る前に、参加者同士の自己紹介に長い時間を費やしている点です。参加者の人数（5～7名）やワークショップ全体の時間によっても異なりますが、おおよそ30分から1時間、長い時にはそれ以上がこれにあてられます。この参加者間の自己紹介のフェーズにファシリテーターの特徴的なふるまいが見られます。

　まず、ファシリテーターが詳しい自己紹介をした後に、参加者の年齢や所属には関係なく座っている順番に自己紹介をするようにお願いします。初対面（あるいはそれに近い状態）同士のグループで、ファシリテーターから自己紹介をすることで場の緊張がほぐれていく様子や、ファシリテーターが詳しく（長

く）話すことで、それに続く参加者達の自己紹介も自然と詳しく（長く）なっていくのです。さらに、参加者の年齢や所属には関係なく席順で当てることが、参加者が立場を超えて臨めるような平等な議論進行のきっかけとなっています。また、「昨日の夕ご飯は何を食べましたか？」「好きな色は何色ですか？」といったように、ファシリテーターがどの参加者も答えられるような共通の質問を投げかけることで、参加者間で共有できる話題を提供するというケースが多いです。さらに、話し合いの最初から、メンバーを肩書や年齢にかかわらず「〜さん」と呼んでいることも着目すべき点です。

　自己紹介のフェーズにおけるこのようなファシリテーターのふるまいは、互いに初対面（あるいはそれに近い状態）である参加者同士がお互いを知り合い、和んだ雰囲気で話し合いに臨めるようにという配慮行動として機能しているのです。本題に入る前の話し合いの場作り（アイス・ブレイク）をていねいに行っていると言えるでしょう。

　話し合いの場作りは、活発な話し合いにつながると想像しがたいかもしれません。しかし、実はこの場作りが話し合いの重要な下地となるのです。私の勤務する龍谷大学政策学部では、話し合い能力育成のために、2年生前期にコミュニケーション・ワークショップ演習を開講しています。最初の授業で、学生たちにいきなり話し合いのテーマを与えて、「はい、30分間話し合ってください」と指示します。グループのメンバーはほとんどが初対面という状況です。どういう反応が起こるか想像してみてください。学生たちは困ってしまいます。ここでは自己紹介をするという考えなど思いつかず、ただただ長い沈黙が起こるのです。その後、たまりかねて誰かが口火を切る…ということになります。次の授業では、「今日の話し合いでは、ま

ず自己紹介をしあってください。それからテーマについての話し合いを行ってください。」と指示すると、前回の話し合いよりずっと活発に意見が出ます（村田2015）。

　一旦話し合いの場作りができると、話し合いの進行がずいぶんと楽になります。そして、話し合いの進行にともなって場の変化も起こってきます。まちづくりの話し合いで次のような変化が見られます。始まってしばらくは、ファシリテーターと各参加者とのやりとりが大部分を占めていたのが、話し合いが進むうちに、参加者同士のやりとりも生じるようになってきます。それはグループによって自己紹介の段階からである場合もあるし、本題に入ってからの場合もありますが、だんだんと参加者同士のやりとりの場面が多く見られるようになるのです。そうなると、冗談が出てきて話し合いの場に笑いが起こったり、一人の参加者の発言中に、他の参加者たちが同時にうなずいたりするといった様子が見られたりします。このような話し合いの場の変化は、次のように考えることができるでしょう。まずは、ファシリテーターと各参加者の間にラポール（共感を伴う心理的つながり）が生まれます。このファシリテーターさんになら話しても大丈夫だという一種の安心感です。各参加者とファシリテーターの間に生まれたラポールが、次第に参加者間にも広がっていると考えられます（図1）。②で紹介したようなファシリテーターの話し合いメンバー一人ひとりへの積極的な働きかけは、各参加者のみならず、全体にまで広がって、心地よい場の構築に有効に機能しているわけです。

　場作りは重要です。私は、ビジネス・ミーティングを中心とした職場談話の研究も行っていますが、合理的な情報伝達や授受のための発言（レポート・トーク）が最優先されるような職場談話においても、実は、一見仕事には無駄に思えそうなユー

| 初対面同士のグループ内で、まずファシリテーターと各参加者間のラポール（心理的な共感を伴ったつながり）が構築される。 | 初対面同士のグループ内で、まずファシリテーターと各参加者間のラポール（心理的な共感を伴ったつながり）が構築され、それが参加者間のラポール構築につながっている。 |

図1　話し合いの場の変化

モアや雑談といった対人関係に関わるような話（ラポール・トーク）が、非常に大きな役割を担うのです。仕事を行うのは「人」です。人と人との間の潤滑油のようなラポール・トークがなければ、ぎすぎすした職場になって仕事も円滑に進んでいかなくなるのです。

　話し合いにおいても雑談やユーモアは重要です。脱線もときには場作りに大切なわけです。ただし、「過ぎたるが及ばざるがごとし」は言うまでもありません。

④プロセスの可視化

　日常のちょっとした話し合いで何かを決めるとき、あるいはもっとフォーマルな会議でも、「あれ？私がさっき出した意見はどこにいったんだろう？」とか、「どうして結論がこうなったんだろう？」と不満に感じることはないでしょうか。日常会話でよくあることで誰しもが経験しています。その原因は、話し合いのプロセスを共有できていないからです。では、話し合

いのプロセスはどのようにして共有することができるのでしょうか。

　まちづくりの話し合いでは、書くことによって参加者全員がプロセスを共有するという方法がとられています。付箋、ホワイトボード、模造紙に記録するのが一般的です。ファシリテーターがホワイトボードの前に立って、意見を書き留めていきながらカテゴリー分けする場合もあれば、それぞれの参加者が付箋に意見を書いて、それを模造紙に貼りつけながらグルーピングしていくといった場合もあります（写真参照）。また、別に記録係の人がいて、記録だけに従事するという場合もあるようです。何れにしても、どのような意見が出たのか、どのようにして結論に至ったのかについて、だれでもがわかるように記録することは、話し合いにとって重要です。

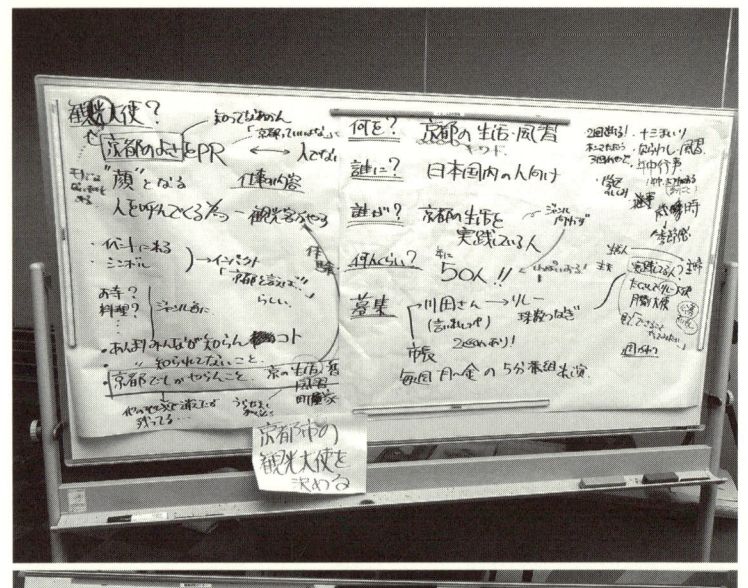

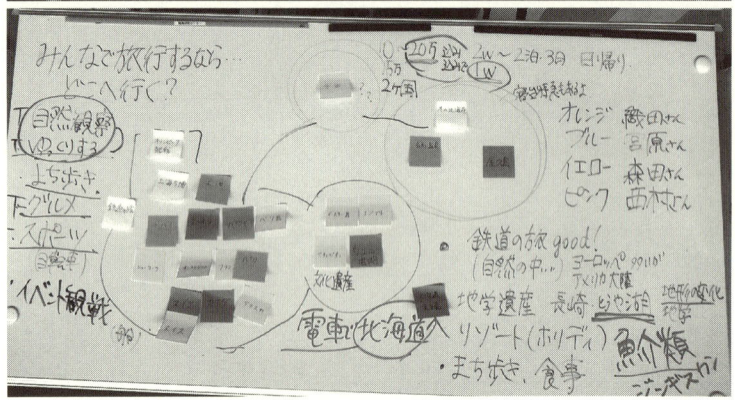

プロセス可視化の実例

⑤平等性

　ビジネス・ミーティングの司会者とファシリテーターの言語的ふるまいを比較すると、次のようなふるまいがファシリテーターだけにみられました（村田2013）。

1. 自己紹介やアイス・ブレイクに相当量の時間をかける。
2. 話し合い全体を通して、発言権の割り振りに配慮し、発言していない人や発言量の少ない人に積極的に発言権を与えるようにする。
3. 肯定的応答やあいづちを積極的に使用する。
4. 出された意見をとりさげるときには、提案者に言葉をかける。
5. 話し合いを始める前に話し合いのルールを提示する。
6. 話し合いのトピックを参加者にその都度わかりやすく提示する。
7. 繰り返し合意項目を確認し、小さな合意を大きなテーマの合意につなげる。
8. 話題の変わり目は、ことばで明示的に表している。

　これらの特徴は、メンバー間の対等性につながります。まずは、配慮という観点からすべての参加者に対して平等です。1〜4の特徴は、言語の対人関係機能面（ポライトネス）に関わり、話し合い参加者に配慮を示す言語的ふるまいです。話し合いの本題に入る前のアイス・ブレイクで、初対面に近いメンバー同士がお互いを知る。そこでは年齢や肩書を超えて、「〜さん」と呼び合うようにします。その後の話し合いでは、どの参加者にもわけへだてなく一人ひとりに意識を向けて発言権も平等になるようにし、参加者の発言に共感や理解を示したり、積極的に聞いているというシグナルを送ることで、同じ話し合いの場を共有するという状況下では平等な立場のメンバーであるという連帯感を表しているのです。
　もう1つは、話し合いのプロセスやフレームワークといったメタ情報の提示に関してであり、5〜8がこれにあたります。

何れも、話し合いの参加者全員が理解できるように、わかりやすく明示的に提示する言語的ストラテジーです。ファシリテーターは、どの参加者も平等に話し合いの進行についていけるように、話し合いの流れやプロセスを繰り返していねいに提示しているのです。

　以上のようなファシリテーターに特徴的な言語的ふるまいが「参加者が平等な立場で臨める話し合い」「どの参加者でも話し合いの流れやプロセスを把握できるような話し合い」へと導いているのです。

　なぜこのような特徴がみられるのでしょうか。ビジネス・ミーティングとの比較から考えてみましょう。まちづくりの話し合いとビジネス・ミーティングの違いとして、まずは、参加者間の関係や当該テーマについての情報量の差があげられます。ビジネス・ミーティングは、すでに各参加者の社会的地位が確立し、参加者間の関係もある程度構築されていて、それぞれの社会的地位や立場を背景に話し合いが行われます。また、ミーティングで取り上げられる話題については、参加者間で共有知識もあります。一方、まちづくりの話し合いは、（産学官民といった）セクターを超えた多様な価値観や立場の人びとによって行われるだけでなく、メンバー間で当該テーマについての情報量にも不均衡があります。このような不均衡（不平等）を解消していくために、「平等性」「対等性」を意識して話し合いを進めることが必要なのです。

⑥グランド・ルール
　まちづくりをめぐる話し合いでよく用いられるのが「グランド・ルール」「ベース・ルール」と言われるものです。話し合いの簡単なルールを本題に入る前に提示し、参加者で共有しま

す。①で、話し合いの仕方はバックグランドが異なる参加者間では必ずしも同じではないことを書きました。たとえば、異なるルールをもったチーム同士が、サッカーの試合をしたらどうなるでしょうか。収拾がつかなくなるのは容易に想像できます。話し合いも同じです。同じルールを共有していないかもしれないメンバーで行うのですから、まずはルールを共有する必要があります。

グランド・ルールとしてあげられるものには、たとえば次のようなものがあります。

・相手を非難しない
・意見を否定しない
・肩書きや立場を忘れる
・ぐち・文句を言わない
・無理をしない
・人の話をよく聞く
・少数意見を大切にする
・楽しむ
・主体的に参加する

話し合いを始める前に、明示的にはっきりとわかりやすいことばで（参加者全員が納得できるような）話し合いのルールを提示することによって、話し合いの交通整理がしやすくなるわけです。

ある自治体で継続して行われている市民参加型の話し合いで、「人の話を聞く」「非難から始めない」といったルールを、毎回話し合いを始める前に提示していました。そうすると、不思議なことに3回目くらいから、これまで一人で話し続けていた人たちが、他の参加者の話をうなずきながら聞くことが多くなったのです。繰り返し提示することで、自然とふるまいが変

わっていくことがあるということがわかった嬉しい瞬間でした。

　一度にたくさんのルールを提示する必要はありません。簡単なものを 2〜3 つ程度でいいのです。

⑦パーティシパント・シップ（participant-ship：誠実に積極的に参加する態度）

　ルールを守って話し合いを進めていくのは、ファシリテーターではなく話し合い当事者である参加者一人ひとりです。ファシリテーター育成プログラムの実施を通してわかったことは、話し合い参加者としての「パーティシパント・シップ」（participant-ship：誠実に積極的に参加する態度）が必要であるということでした。ファシリテーターがどんなにがんばってもそれだけでは不十分で、話し合いの進行や合意形成において、「パーティシパント・シップ」が重要な役割を担うということです。

　たとえば、ファシリテーション研修で、「グループで旅行するプランをたてる」というテーマで話し合ってもらったところ、多様な意見が出されなかなかまとまらない状況がありました。その際、ある参加者が、「個人個人ではいろんな案があるだろうが、まず 6 人で一緒に行けるという条件の中で考えよう」と結論を導くための優先条件を提示しました。これがきっかけとなり、参加者は個人個人の意見を主張することをやめ、協力して提示された条件に合う旅行案を考え合意に至ったという例があります。また、別の機会で、ある参加者が自分の意見を誇示しようとする場面がありました。その際、他の参加者がその参加者の意見について「それはとてもよくわかる」といったような肯定的コメントを繰り返した後に、「まずは現実的に

考えてみよう」と方向性を示しました。これがきっかけとなって、自分の意見を固持していた参加者も折れ結論にむかいました。このような場面では、ファシリテーターだけではなく、参加者の積極的な配慮や働きかけが話し合いに大きな影響を与えていることがわかります。参加者がファシリテーターの手助けをして、話し合いを進行したり結論に導いたりする例はこれら以外にも多く見られました。

　反対意見を述べることをやめて他のメンバーの意見に賛成すべきである、と言っているわけではありません。積極的に自分の意見を述べることは大切ですが、他のメンバーの意見もしっかりと聞き誠実に話し合いに臨むことが大切なのです。このようなパーティシパント・シップの涵養には、話し合いについての教育プログラムが有効だと考えています（村田2015）。さきほど言及した、コミュニケーション・ワークショップ演習において、学期の始まりに、「話し合いにとって大切なことは？」と学生たちに聞きました。すると、大半が「相手を説得すること」「自分の意見を論理的に伝えること」といったように「話し手」からの視点でとらえる解答でした。ところが、半期15回の授業の最後に同じ質問をしたところ「相手の話を聞くことが実はとても大切だとわかった」「相手の意見の否定から入らないことが大切だとわかった」と「聞き手」の視点からの解答が増えたのです。コミュニケーション（話し合い）は、話し手と聞き手の相互活動（インタラクション）であることを踏まえることができれば、自然とパーティシパント・シップ力も向上し、新しいタイプの話し合いの実現に向かうのではないでしょうか。

⑧〈つなぎ・ひきだす〉：共感（empathy）が生まれる話し合

いへ

⑤でビジネス・ミーティングとまちづくりの話し合いを比較しましたが、他のいくつかのタイプも含めて比較してみましょう。

表1　話し合いのタイプによる比較

	参加者間の関係の特徴	目的・目標
まちづくりの話し合い	・さまざまなセクターに属し、立場や価値観が異なる ・その地域に関わるという点は参加者間で共通している ・継続的な協力の必要性がある	・意見交換を通した地域の課題の発見 ・意見交換を通した政策立案
ビジネス・ミーティング	・利益関係がある場合が多い ・社会的地位がはっきりしている ・社内、部内といったセクター内のメンバーである場合が多い	・交渉や課題発見や解決（利益優先）
ワールド・カフェ／サイエンス・カフェ[6]	・見知らぬ人同士である場合が多い ・基本的に知り合いになる必要はない	・情報や意見交換

表1からわかるように、まちづくりの話し合いと他の話し合いの違いは参加者間の関係にあります。たとえばワールド・カフェやサイエンス・カフェでは、その目的は効率的な情報や意見の交換であって、基本的に将来にわたって参加者どうしが理解しあい協力する必要性はありません。また、ビジネス・ミーティングは、社内や部内といった同じセクターのメンバーによって構成されている場合が多く、すでに社会的地位が確立し

メンバー間の関係もある程度構築されていると考えられます。そしてそれぞれの社会的地位や立場を背景に話し合いが行われます。一方、まちづくりの話し合いは、セクターを超えた価値観や利害の異なる人びとによって行われ、参加者たちは将来にわたり立場を超えてつながり協力していく必要があります。このような特徴もこれまで述べてきたようなまちづくりの話し合いみられるファシリテーターの言語的ふるまいに反映されていると考えられます。

　市民参加の話し合いに参加された方の感想を見ていると、多くは「たくさんの人と知り合えてよかった」「ためになった」「勉強になった」「楽しかった」といったもので、市民参加型の話し合いは結論を出したり何かを決めたりする以上の機能があるということがわかります。参加・協働型社会を実現するための話し合いの目的は、単に結論を導き出すということだけではなく、話し合いの参加者間につながりを構築することや、異なる立場や意見、あるいは新しい情報を知り学び合うことでもあるのです。つまり、立場、価値観、利害関係、（当該課題についての）知識量を超えて、多様な人びとを「つなぎ」その関係性から人びとがもつ能力や情報、意見を「ひきだし」、共有・発見・（納得できる・譲歩できる）結論を「ひきだす」話し合いを目指す必要があるのです（土山・村田・深尾2011）。わかりあえないことを前提に、継続的な話し合いを通してわかりあえる部分を探っていく（平田2012）。共感（empathy）を生み出せる話し合いが新しい社会に求められているのではないでしょうか。

4. 言語・コミュニケーション研究の可能性

　前節ではまちづくりの話し合いの考察やフィールドワーク、ファシリテーション育成プログラムを含む話し合い能力育成プログラムの開発や実施を通してみえてきたことを紹介しました。これらは、市民参加型の話し合いを実現するための手掛かりになるのではないかと考えています。一方、研究としては質・量ともにまだ完全とは言えません。そこで、市民の日本語を確立するために、言語・コミュニケーション研究がどのように貢献できるか、その可能性について私見を述べてむすびにかえたいと思います。

　言語・コミュニケーション研究の目的は、コミュニケーション現象を可視化したり体系化したりすることにあります。コミュニケーションは誰でもが日常的に行っています。経験的に「こういうときにはこういった対応したらいいのでは」という暗黙の原則というかルールのようなものを個々人が感じているのだと思います。それを、可視化したり体系化するのが私たち言語研究者の役目です。さらに、コミュニケーション上の問題を見つけ、それに対処する方法を見出すのも私たちの仕事だと思っています。

　本稿で提案した新しいタイプの話し合いをすすめる市民の日本語を確立するためには、市民参加型の話し合いやマルチセクター型の話し合いのデータを集めたビッグデータの構築も必要でしょう。コミュニケーションは話者と聞き手の相互活動です。相互活動の中で「何が起こっているのか」「何が問題なのか」を抽出していくことが求められます。そのためには、質的・量的の両方の立場からの考察が必要です。質的分析では、同じ談話を、会話の連鎖や会話構造にある秩序に着目する会話

分析、話者の属性や発話が起こっている状況や文化的背景を取り入れながら分析する相互行為の社会言語学（interactional sociolinguistics）、談話の背後にあるイデオロギーや権力といった観点から分析する批判的談話分析等、異なる視点や理論的枠組みからの分析を行い総合的に考察する必要があるでしょう。さらに、発言のみならずジェスチャーや視線といったマルチモーダルのアプローチも取り入れる必要があります。質的分析でみえてきたことを、ビッグデータに戻して、それが一般化できるかどうかをみることも必要です。そうすることで、特徴だけでなく問題点や改善点が明らかになるのです。さらに、参加者の視点も取り入れる必要があるでしょう。話し合いに参加している参加者の意識調査を定点だけでなく継続的に行うことで、話し合いの別の役割（たとえば、話し合いによって地域アイデンティティが構築できる等）もみえてくるのではないでしょうか。

　もう一点大切なことは、学際的研究が必須であるということです。それぞれの分野の研究者が、自分たちの領域を守るのではなく、課題を共有していかにすればいい解決策が見いだせるのかを考えながら領域を超えて協力する必要があるでしょう。マルチステークホルダー型や市民参加型の話し合いの場を担保する法制度や社会システム（マクロ）、市民参加が効果的に取り入れられたグッドプラクティスの事例研究の集積や、多様なアクターの相互理解と利害関係を踏まえたうえでの合意形成プロセスの設計を含んだコミュニケーション・デザイン（メゾ）、建設的な話し合いを進めるためのスキルやエッセンスの抽出のための談話の分析（ミクロ）といった重層的なレベルから研究を行い、研究成果を総合的に体系化していく必要があるのです。教育への還元も重要です。これまで話し合い能力育成

プログラムの開発・実施を通して、話し合い能力は向上し話し合いに対する意識は変わるということを実感してきました。市民教育としての話し合いや能力ファシリテーション能力の育成、これらを通したパーティシパント・シップの涵養がこれからの社会に求められると考えます。

　社会を担うのは「ひと」です。これからもひととひとの社会的相互活動であるコミュニケーションの研究を通して、参加・協働型社会の構築に貢献できるよう歩んでいきたいと思います。

注

（1）http://www.victoria.ac.nz/lals/lwp/index.aspx
（2）龍谷大学地域公共人材・政策開発リサーチセンター（Research Centre for the Local Public Human Resources and Policy Development: LORC）は、大学と地域社会との連携を通して持続可能な参加・協働型社会を実現することを目指して2003年に開設された。国際的な共同研究体制のもと、参加型・協働型開発に必要な地域社会システムや地域社会に求められる人材の育成システムを、理論・実践の両面から探求し、研究の成果は積極的に地域の社会活動へと還元されている。http://lorc.ryukoku.ac.jp/
（3）ワークショップは、もともとは「仕事場」「工房」「作業場」など、共同で何かを作る場所を意味していたが、最近は、問題解決やトレーニングの手法、学びと創造の手法として用いられる事が多く多彩な分野で活用されている。中野（2001）は、ワークショップを5つの系（「まちづくり系」「アート系」「教育・学習系」「自然・環境系」「社会変革系」「精神世界系」）に

分類しているが、本稿で扱うワークショップは、このうちの「まちづくり系」ワークショップである。
(4) 論理的に相手の意見の弱点を突き自分の意見の正当性を主張するというのはディベートの手法であるが、たとえば政策提言の際にはこのような手法が重要であることは言うまでもない。
(5) 詳細は、土山・村田（2001）、土山・村田・深尾（2011）、村田（2013）。
(6) ワールド・カフェは、テーブルごとに所定の時間内で各テーマについて意見交換を行い、参加者は順にテーブルを移動して議論を続けながら大勢の参加者との意見交換を行う手法で、サイエンス・カフェは、科学技術に関する話題について、カフェのような雰囲気の中で、市民と科学技術の専門家が語り合う手法である。

参考文献

石原武政・西村幸夫（編）（2010）『まちづくりを学ぶ―地域再生の見取り図』有斐閣.

井関崇博・村田和代（2014）「協働を生み出すための話し合いのデザイン―京都市山科区における実践的研究から」『地域協働』5: pp.13–19. 龍谷大学地域公共人材・政策開発リサーチセンター.

今川晃・山口道昭・新川達郎（編）（2005）『地域力を高めるこれからの協働―ファシリテータ育成テキスト』第一法規.

加藤哲夫（2002）『市民の日本語―NPOの可能性とコミュニケーション』ひつじ書房.

木下勇（2007）『ワークショップ―住民主体のまちづくりへの方法論』学芸出版社.

白石克孝（編）（2004）『分権社会の到来と新フレームワーク』日本評論社.

白石克孝・新川達郎（編）（2008）『参加と協働の地域公共政策開発シス

テム』日本評論社.
白石克孝・新川達郎・斉藤文彦（編）（2011）『持続可能な地域実現と地域公共人材―日本における新しい地平』日本評論社.
Tannen, D. (2005) *Conversational Style: Analyzing Talk among Friends*. Revised ed. Oxford: Oxford University Press.
土山希美枝（2008）『市民と自治体の協働研修ハンドブック―地域が元気になるパートナーシップのために』公人の友社.
土山希美枝・村田和代・深尾昌峰（2011）『対話と議論で〈つなぎ・ひきだす〉ファシリテート能力育成ハンドブック』公人の友社.
土山希美枝・村田和代（2011）「第2章　地域公共人材の育成」白石克孝・新川達郎・斎藤文彦編『持続可能な地域実現と地域公共人材―日本における新しい地平』pp.14-49．日本評論社．
Nagda, R., Gurin, P., Rodriguez, J., & Maxwell, K.（2008）Comparing debate, discussion and dialogue, Multi-Universit Intergroup Dialogue Institute, Ann Arbor, Michigan.
〈https://www.amherst.edu/system/files/media/1662/MIGR%2520Institute%2520Workbook.pdf#search='Nagda+Gurin+Rodriguez+Maxwel+2008'〉2015.1.31
中野民夫（2001）『ワークショップ―新しい学びと創造の場』岩波書店．
平田オリザ（2012）『わかりあえないことから　コミュニケーション能力とは何か』講談社．
堀公俊（2004）『ファシリテーション入門』日本経済新聞社．
村田和代（2013）「まちづくり系ワークショップ・ファシリテーターに見られる言語的ふるまいの特徴とその効果：ビジネスミーティング司会者との比較を通して」『社会言語科学』16 (1)：pp.49-64．社会言語科学会．
村田和代（2014a）「まちづくりへの市民参加と話し合い」『日本語学』3 (11)：pp.32-43．明治書院．
村田和代（2014b）「NZビジネスミーティングの特徴についての印象調査：日本人ビジネスマンの視点から」『国際ビジネスコミュニケー

ション学会研究年報』73: pp.35–43.
村田和代（2015）「地域公共人材に求められる話し合い能力育成プログラムについて」村田和代編『共生の言語学―持続可能な社会をめざして』pp. 93–113. ひつじ書房.
Murata K. (2015) *Relational Practice in Meeting Discourse in New Zealand and Japan*. Tokyo, Hituzi Syobo.
村田和代・井関崇博（2014）「〈みんなではじめる〉ためのコミュニケーション・デザイン―〈つなぎ・ひきだす〉からの展開」白石克孝・石田　徹編『人口減少時代における持続可能な地域実現と大学の役割』pp.167–185. 日本評論社.
Lave, J. and E. Wenger. (1991) *Situated Learning: Legitimate Peripheral Participation*. Cambridge: Cambridge University Press.（ジーン・レイヴ　エティエンヌ・ウェンガー佐伯胖訳（1993）『状況に埋め込まれた学習―正統的周辺参加』産業図書.）

コミュニケーションからみる市民性

深尾昌峰

1. はじめに

　私は現在大学で教鞭をとりながら、市民活動を行っています。20歳の大学生の時に阪神淡路大震災を関西で経験し、これがきっかけとなって、ボランティア、NPOの世界に入りました。まず、1998年に「きょうとNPOセンター」を設立しました[1]。NPOを支えていくような市民活動や、市民運動を支える仕組みや仕掛けが必要だと思いこれまで活動を続け、それがさまざまな「かたち」につながったように思います。いろいろな方々との出会いがあってここまで走ってくることができました。2000年には「市民メディア」の観点から、市民が社会とどのようにコミュニケーションを取っていけるのかという問題意識のもと、京都で「京都三条ラジオカフェ」というラジオ局を設立しました。これが結果的には日本初の市民が作り市民が主役のNPO放送局となりました[2]。そして、2009年に300人以上の市民の寄付で設立された市民コミュニティ財団である京都地域創造基金財団の理事長となり、「非営利型」株式会社として2012年8月に株式会社PLUS SOCIAL（プラスソーシャル）を設立し代表取締役に就任しました。株式会社として一定の収益をあげ、「金銭的な収益」をより積極的に「社

会的な利益」に還元していけるような、新たなスキームづくりとその定着をさせていくというチャレンジです。社会的投資をデザインする会社として、エネルギー、農業、ケア、ローカルビジネスなどを対象に社会的投資を引き出し、地域社会の資金循環を生み出し、出資して頂ける皆さんを地域団体、地場企業、自治体、NPOなどとつなぎ、共に持続可能な地域社会づくりに取り組みたいという思いで設立した会社です。本稿では、研究者という立場というよりも、これまで多様な市民活動に携わってきた実践家として、市民性とコミュニケーションについて論じます。

　加藤哲夫さんとのつながりについてですが、私がきょうとNPOセンターをつくったときに真っ先に仙台まで話を聞きにいったのが加藤さんでした。先行して、「せんだい・みやぎNPOセンター」を設立し、代表理事をされていたのです。自分たちがきょうとNPOセンターをつくる過程で仲間と議論し感じていた「予感」を「確信」に変えたくて、雪の降る日に加藤さんを訪ねたのを鮮明に覚えています。それ以降、年に数回お会いすることになっていきます。2010年には、朝日新聞の「ニッポン人脈記」で、NPOや市民活動の世界でつながりを持った人たちをつないでいく企画として、当時活躍されてらっしゃった加藤さんが取り上げられました。そして、加藤さんにいろいろ教えてもらった若手ということで私も取り上げてもらいました。

　「なぜ市民は社会を変えられないのか」という問いに対して、加藤さんは5つの視点でまとめています。1つ目は権利を知らないこと、2つ目は制度を知らないこと、3つ目は調べられないこと、4つ目はかたちにできないこと、5つ目は伝えられないことです。NPOの立場から社会をよりよくしようとし

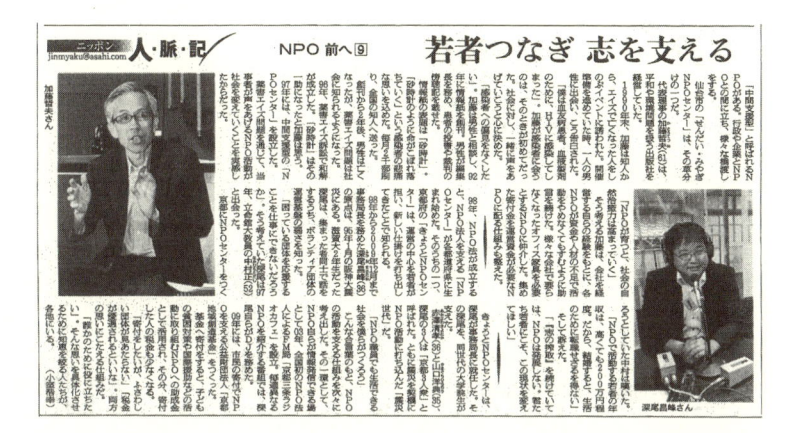

2010 年 12 月 20 日（月）　朝日新聞　夕刊

ても、頑張ってもなかなか実効性を持って社会にインパクトを与えられないときに、この5つを話されました。

「なぜ市民は社会を変えられないのか」あるいは「どうすれば市民が社会を変えられるのか」という問いを、本稿で考えたいと思います。本章では個人と個人の間のコミュニケーションというよりも、もう少しマクロの視点から、市民と社会のコミュニケーション、とりわけ市民から社会へのコミュニケーションに焦点を置いて論じます。

2. 市民性からみる社会の課題

ニューパブリックマネジメントの中で「協働」とか「パートナーシップ」といったことばや概念が、国内の行政的施策で積極的に取り入れられるようになりました。その一方で、行政は効率を求められ、「費用対効果」といった尺度が、公共公益の現場でも頻繁に言われるようになってきました。公務員は減らされ、かつ、税収は減っていく。負債は増えていく中で、市民

コミュニケーションからみる市民性　65

参加やセクターを超えたパートナーシップという路線が採られていきます。

「市民参加」や「市民協働」という言葉で、協働や参画が、特にこの10年ぐらいずっと行政の合い言葉になり、多くの自治体が、協働条例や市民参加に関する手続きを定めたものを整備し始めました。市民が新たな公共の担い手と言われ、NPOや市民活動も含めて、市民がいろいろな立場で社会にとって欠かせないものになってきていると私自身も思っています。

参加や協働は市民社会にとって重要なことで自治の根源の問題です。しかし一方で、行政主導の「市民参加」や「市民協働」が進んでいくと、実際には市民性が回収されてしまっているのではないかという危機感をもっています。これを図1で具体例もあげながら示しましょう。

私たちの社会の課題はたくさんありますが、私たちが語れ

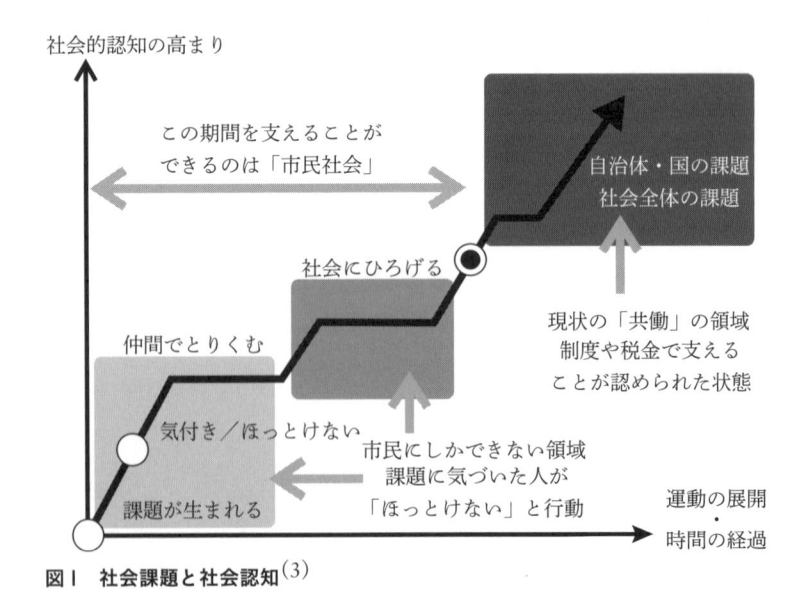

図1　社会課題と社会認知(3)

る、つまり市民レベルの社会の課題は左下のゾーン（公には見えないけれども地域に課題に気づいている人がいて、その課題を「ほっとけない」と思っている人もいる状況）です。ある程度社会的認知を経たものを私たちは社会の課題として語りますが、社会全体としては気付いてない課題が当然あります。

　たとえば、一番わかりやすいのはドメスティック・バイオレンス（DV）です。DVは、この15年ぐらいで私たちの社会ではなじみ深い言葉や概念になりました。とは言え、20年前、30年前にDVがなかったのかというと、そうではなかったはずです。草食系男子といった表現が馴染みになっている現代社会において、急に男性の一部が凶暴になったというのは考えにくいし、DVというのは昔からありました。それを社会は「夫婦げんか」とか「あんた我慢しなさい」とか「お嫁さんでしょ」という言葉に換えて家庭内で納めてきました。しかし、それが実態調査や海外事例などの紹介によって問題の存在自体に気づき、課題であるという認識が広まり一般的になって、私たちの社会はDVという課題に気づきました。

　そうすると、私たちの社会は社会全体の課題としてその課題を扱うことができるようになり、DVに対する法律や制度策定につながるのです。私たちの社会は、民主主義の社会の中で、ある課題が図1の右上のゾーンにならないと行政は動けないこととも等しいと私は考えています。

　DVに関して印象に残っていることがあります。私の講演に来られた年配の警察官の方が、上記のDVの話をお聞きになって泣かれました。なぜ泣かれたかというと、DVで助けられなかった命があったからです。現在ならDV防止法はじめ様々な施策があって助けられた命が、当時は夫婦げんかとして処理するしかなかったのです。救えるとすれば、彼が奥さんに、夫を

訴えるのかどうか、被害届を出すのかどうかを厳しく迫るしかありませんでした。社会全体が課題に気付いてない時期は社会の問題にはならず、社会的な支援が介入しづらい状況です。特に行政はその状態での介入は難しいのです。

　行政が中心となって市民も参加し協働して対応できるのは右上のゾーンしかあり得ません。自治体が取り組むことができる課題に対して、自治体と一緒に手を組んでやっていこうという話です。そこに税金が市民のためのお金として投入できるため、そういったところに制度が付いていきます。

　ただ、DVもそうですが、左下のゾーンにある課題が右上のゾーン、つまり社会の課題になるのは、それに気付いた人たちの行動がきっかけなのです。自分の周りの人たちが暴力を受けていて、それに対してほっておけないと思った人たちが相談に乗り、「どうしたの？」というところから始まる。「殴られそうになったら逃げておいで」と声をかけ、自分の家だったらかくまってあげるよ」と自分の家でかくまってあげる。ただ、頻繁になりエスカレートしていくとそれも限界になります。近所の知り合いの家では迎えに来られるから、これではらちが明かない。これ以上放っておいたらこの子は死んでしまうというときに、お友達が月に5千円ずつ出し合って逃げ場所を確保する、今で言うシェルターです。そういう営みは、社会が気付く前の段階は、ほっておけないと思った人たちが自分たちで展開していきます。

　左下のゾーンは市民にしかできません。行政と市民というかたちで考えたときには、左下の課題解決は市民にしかできないゾーンではないかと思っています。私が危惧しているのは、協働や制度や仕組みが進めば進むほど、右上のゾーンはわかりやすくなります。そうすると、NPOは資金のために、どうして

も右上のゾーンの課題に取り組むようになる。補助金や委託を目掛けて事業を展開すると、最初はこれが自分たちの取り組むべき課題ではないと思っていても、結局は右上のゾーンの課題に取り組んでいることに気付くといったことになってしまうことは避けなければいけないのです。本来、左下のゾーンでいろいろなことに気付いて、自由に先駆性を発揮できるはずの存在であるNPOや市民活動が、右上のゾーンにどんどん回収されていってしまう状況があるのではないかと思っています。

　話をコミュニケーションに戻します。もう1つ、市民のほっておけないから始まり社会を変えた例を紹介します。私がきょうとNPOセンターを作ったときに、最初の運営委員長は医療や福祉の現場にいた人で、関西地域で初めて訪問入浴車を走らせた人です。彼がなぜ訪問入浴車を走らせたかというと、「ほっておけない」と感じたからです。現場にいると訪問入浴車があれば誰もが助かります。介助をする人、寝たきりになっている本人もお風呂に入ることができます。こういうものがあればいいなと思って行動にうつしたのです。

　私たちの社会は、新たなものを作ろうとした彼に対してどのようなコミュニケーションをとったのでしょうか。まだ見ぬもの、認知されてないものに対して、たとえば、車のナンバープレートを発行する陸運局は、当初「公序良俗に反する」という反応を示したといいます。わかりやすく言うと、車に風呂を積むのはハレンチだということです。今では訪問入浴車は当たり前です。しかし、「訪問入浴車」という概念が社会にないときには、車に風呂を積んでそこら辺で風呂に入るのはハレンチだという話で、ナンバープレートは交付されませんでした。これは、陸運局が悪いということではなく、私たちの社会はそういうことの繰り返しだということです。社会の課題や認識は、道

コミュニケーションからみる市民性　69

徳的な規範さえも時代とともに移り変わっていきます。最初は、変わったやつだ、変人だと言われる人が未来の当たり前を作っていく。そのような社会のとらえ方も大事ではないかと思います。マイノリティーが、認識の仕方や価値観の移り変わりによって、マジョリティーになったり、社会の価値変容をもたらすということです。

　認識を変える、価値観を変えるという点から、左下のゾーンをとらえると、左下のゾーンはさまざまな可能性を秘めていると言えます。これは人権を作り出していくという観点からも非常に大事です。例えば私が取り組んでいる問題に「引きこもり」があります。引きこもりの問題は、今で言うと右上のゾーンです。これもDVと同様で30年前も40年前も引きこもりはありました。そのときは、引きこもりとは言わずに、変わった子、困った子でした。検査をしても病気でもないし、どこかが悪いわけでもないけれども外に出られない。しかし、何の社会的支援も受けることができずに、いまだに30年間も引きこもった人がいます。これが病気だといろいろな統計の採り方がありますが、変わった子として処理されていますから、そのような状況におかれている人が何人いるのかさえわかりません。社会から見えない問題になっています。しかし、50代になっている引きこもりの子どもを抱えているご両親が高齢化などでパラサイトしている環境が変化すると、新たな問題が家庭を襲い、問題として表出くる可能性があります。

　では、その引きこもっていた人は市民ではないかというと市民です。引きこもりの子だから何もできないと言ってしまうとそこで終わりますが、そういった人が役に立つ環境や場をどのように提供していけるのかを考えていくと、実はいろいろな可能性があります。紙面の都合上、本稿では詳細を割愛します

が、ステレオタイプに縛られて役割を固定化しなければ、いろいろな可能性が左下のゾーンでつむいでいけると思っています。私たちは役割を固定的に考えすぎてしまっているのではないでしょうか。ステレオタイプに縛られて、行政とはこうあるべきだとか、障がい者とはこうだというふうに固定的に考えてしまいますが、実は左下のゾーンはいろいろな多様性があり、いろいろな可能性があることに気付かされます。

　以上、いくつかの具体例を挙げましたが、このように私たちの社会を見たときに、とりわけ市民社会を考えたときに、「市民参加」や「市民協働」といったことばや概念だけに浮かれるのではなく、どのように左下のゾーンを支えて豊かな市民社会にしていくのか、未来の当たり前をどのように作っていくのかを、少し考えなければいけないというのが私自身の問題関心です。未来の当たり前が、現在の誰かのほっておけないから始まるのが、市民性の高い社会と言えるのではないでしょうか。つまり、行政が見えない地域の課題を市民自らが見出し、それをほっておけないと感じ、市民自らが行動を起こす。それが集まってよりよい社会へと変革していく（そしてそれが当たり前の状態になる）ということです。

　未来の当たり前を生み出していくためには、市民から社会へのコミュニケーションが求められます。最近気になるのは、私たちの社会はどんどんコンプライアンス（法令遵守）型社会になっているということです。その中で、市民性をどのように発揮していけるのか。先ほどの公序良俗に反すると言われるようなことだったり、もしかするとそれは一時的に法を破らなければいけないことであるかもしれません。

　私自身が関わり法制化をしてきた実例をあげると、車椅子の人の移送サービスや送迎サービスという類のボランティア活動

コミュニケーションからみる市民性　71

があります。これは30年以上、厳密に言うと「違法」状態でした。道路運送法第80条に抵触するいわゆる「白タク」として扱われてきました。ある場所からある場所まで、有償・無償を問わず、継続的に人を送迎することは白タクとして扱われ、取り締まりも行われています。しかし、このような状況だからと、多くのボランティアの人たちは活動をやめたわけではありません。むしろやめようとはまったく思わなかった。なぜなら、それをやめると、例えば車椅子で生活をしている人で2日に1回人工透析に行かなくてはいけない人にとって、命がついえてしまう危険があるからです。「違法」だからといって引き下がれない現実と、現状を変えなければという「あらがい」があったのです。

　法律を守ることはもちろん重要ですが、日本の法律の多くは、市民が自発的に公益的なことをすることを想定した法の枠組みになっていませんでした。ボランティアでここからここまで人を送迎するという法の枠組みになってないから違法になります。こういうものは、そういう立場の人たちが声を上げていかないと変わりません。今はこの問題も法制化され正々堂々とできる行為です。社会の常識や当たり前のことは動いていきます。市民が動かしていけるのです。そのようなことを、市民から社会へコミュニケーションする必要があるのです。市民性が豊かな社会になるためには、市民自らが社会と対話をしながら考えていく必要があるのです。これは、加藤哲夫さんの「なぜ市民は社会を変えられないのか」という問いの5つ目の答えである「伝えられない」と重なってくる話です。

3. 市民性豊かな社会の形成に向けて

　私自身のこれまでの活動を振り返ると、図1の左下のゾーンを広げ、拡大し、支えていくための方法を模索してきたと言えるでしょう。本節では市民性豊かな社会形成に向けての具体的な方法をコミュニケーションをキーワードにして紹介することとします。

①市民と社会のコミュニケーション：市民のメディアを作る
　SNS、Facebook、ツイッター、コミュニティFM、インターネット放送局など、私たちの社会の環境は大きく変わってきました。現代社会においては、伝えることが非常にやりやすくなってきました。
　一方で、放送免許の管理という観点からすると、日本はいまだトップダウンであると言わざるを得ない状況です。私自身、総務省の「今後のICT分野における国民の権利保障等の在り方を考えるフォーラム」という審議会のメンバーだったことがあります。一言で言うと、日本版FCC構想、つまり政治とメディアの分離です。先進国の中で国が放送免許を管理しているのは日本ぐらいです。免許制度を含めて第三者機関をきちんと作ろうという議論を行うために、原口一博総務大臣のときに委員会が発足しました。既存メディアと政治・経済、記者クラブ問題を含めてどのように考えていくのか、私たちがメディアの問題をどのように考えていくのか。委員会には、民放連の会長やNHKの会長を含めた既存メディア、新聞協会の人たちや、孫正義氏のような新たなメディアを語っている人たちと一緒にメンバーとして参加していました。私もその中で議論をしましたが、愕然としたのは、そのような構想が議論されていること

を大手のメディアは報じていないということでした。マスメディア集中排除原則の観点から、クロスオーナーシップ等を問題にしていました。放送局と新聞社の独立をどう保つか、スポンサーシップの問題とか重要な議論をしていて、テレビカメラも並んでいるのにどこも報じませんでした。そういう構造に私自身は愕然としました。大手のメディアの人たちが結論として言ってきたのは、このような独立機関は要らない、今までどおり総務省にお目付をしていただければ結構ですということでした。信じられませんでした。そういう構造が見え隠れしています。

　このような状況の中ではありますが、「市民メディア」と言われるようなメディアが存在します。ここでは当事者が訴えかけることができます。私たちが設立した「京都三条ラジオカフェ」という放送局は、誰でもが3分1500円で放送することができます。120万円あれば毎週1時間の番組が1年間持てます。市民からすると、気軽に発信できる放送局です。高校生が、千円札や500円玉を握りしめて放送したいとやってきます。このような放送局を作っていくと当事者たちが直接訴えかけることができるのです。障がいのある人たちやいろいろなハンディキャップのある人たちが、表現することで新たな人権を作っていこうとすることに寄り添っていけます。

　インターネット放送局もそうですが、このようなメディアの可能性は現場にいるとひしひしと感じられます。コミュニケーションを権利として保障することも非常に大事です。その中で、私たちもいろいろな議論をしています。

②寄付文化を広めるコミュニケーションの促進
　2つ目の方法は、資金の流れを「ソーシャル・デザイン」と

して考えることです。右上のゾーンは税金として展開できますが、左下のゾーンをどのように支えていけばいいのかというのは非常に大きな問題です。

　私自身は、1つの可能性として、寄付が私たちの社会の中で左下を支えていく非常に重要な要素になっていくと考えています。私が財団を立ち上げようとしたときにも、日本には寄付文化がないとか、そんなのは無理だと頭から決め付けたようなアドバイスをよくいただきました。本当に寄付文化がないのかということを考えていかなくてはいけません。寄付がないのかというとそうではありません。

　6億円という数字があります。これは、2010年の京都のNPO法人全体で1年間に集めている寄付の総額です。京都のNPO法人は約1000団体あるので、1団体に割り戻すと60万円です。多いと感じるか少ないと感じるかは人それぞれですが、大切なことは、寄付がゼロではないという事実です。

　NPO法人が出している活動報告書の決算書の寄付額を並び替えてみると、もっと興味深い点が指摘できます。約1000団体で6億円ですが、上位100団体で4億円を集めています。そうすると、1団体400万円です。ずいぶんと印象が変わったのではないでしょうか。集めるところは集めているのです。きちんと成果を出している人たちはいます。これは非常に大事なことです。寄付がないわけではないし、文化もないわけではありません。

　なぜ寄付をしないのかという調査では3つの理由があります[4]。2番目の「お金がないから寄付ができない」という回答は見当がつきます。興味深いのは、1番目と3番目の回答です。なぜ寄付をしないのかと聞いて一番多いのは「頼まれてないから」という答えです。逆に言えばNPOから頼んでいない

ということです。頼まれてないからしないという話です。3番目は「何に使われるのかよくわからないからしない」という答えです。いずれもコミュニケーションに関わる問題だということは特筆すべき点です。

遺産をどうしたいかという調査もあります。遺産の寄付意志に関しては、24.1％の人が寄付への意向を示しています[5]。遺産の使途に関しても、ほとんどは子どもに残したいという結果ですが、都道府県や市町村に寄付をしたいという人や、NPOや市民団体に寄付をしたいという人たちもいます。この割合はどれぐらいかというと、NPOや市民団体に寄付をしたい人は16.9％、自治体に寄付をしたい人は3.0％ですからそれよりも多いのです。この調査を見たときに、私たちはやったと思いましたが、現実は逆転していて自治体への寄付のほうが多いようです。

この背景には、市民が委ねる仕組みや仕掛けがないという点があげられます。言い換えれば、コミュニケーションが成立してないし、どこに何があるのかよくわかっていません。そういう観点から考えると、私たちは左下のゾーンをどのように支えていくかというときに、寄付を頼んでないし、寄付が何に使われるのかも伝えられていないし、寄付を委ねる仕組みや仕掛けさえもないということです。そういった状況を、私たちは「寄付文化がない」という言葉で置き換えてきました。寄付は参加の非常に重要な機会であり権利だと思っています。権利としての寄付が保障されてないのは、私たちの社会が考え直さなくてはいけないことで、寄付文化定着のために市民へのコミュニケーションを積極的に行うことを第一にいろいろなことに取り組んでいます。

③市民と社会のコミュニケーション：市民参加の話し合いの推進

　統治としての自治から住民自治へどのように移行していくのか。左下のような回収されない市民活動や市民の動き、市民性をどのように発揮させていくのかということで、「ミニ・パブリックス（社会の縮図）」を作るために無作為抽出型の議論をし始めています。京都市の100人委員会のフレームを使いながら実験をしています[6]。無作為抽出の人たちと議論をしたら無茶苦茶になる、個別の利益誘導がはなはだしくなることを心配されます。無作為に抽出した人たちの中であえて来る人たちですから意識の高い人たちではありますが、そういった場を作ると、実際には非常に生き生きと市民の人たちが議論をします。その可能性にもう少し私たちは注目してもいいのではないかと思っています。議論の積み上げの合意の意味合いは非常に重要なものがあります。

　市民性の高い社会という観点から考えると、政策は誰のものなのか、もう少し市民的な政策や政策決定もあるだろうと考えています。これを実現させるためには、市民参加の話し合いの機会をもっと増やしていける社会システムの構築が必要です。

④「まちの偉人」を共有する

　いろいろなまちの現場で課題を見つけながら、それを社会の未来の当たり前にしていくような人たちや、人知れずそういう動きを作っていく人たちを「まちの偉人」という言葉で表現したいと思います。こういった人たちのストーリーを、私たちの社会がもっと共有していくにはどうすればいいのか、そこは市民の日本語という観点からも考えたいことです。

　加藤哲夫さんはまぎれもなくまちの偉人です。マイノリ

ティーの問題に取り組まれていました。特にHIV（エイズ）の問題です。現在ではHIVについてはある程度理解されていますが、加藤さんが取り組んでいた時期は差別と偏見に満ちあふれていました。マイノリティーに対しての接し方や向き合い方も含めて、まちの偉人のストーリーを共有し価値を認め合っていくことで、見えなかった課題に気づいてから右上のゾーンに上がっていく時間を短縮することにつながると考えています。

　まちの偉人は、イコール個人というわけではありません。最後になりますが、企業のとらえ方もそろそろ変わらざるを得ないように思います。特に、地域社会の中における企業の在り方は、確実に変容していると感じることが多くなりました。地域の中で、特に中小企業の経営者の人たちと話をしていると、町のことを考えたり、公共公益に寄り添ったりする姿勢は潜在的に高いです。

　それは何かというと、自分たちの地域が成り立たないと自分たちの商売ができないことを、身にしみて知っているからです。特に、京都の老舗と言われるような商売を長く続けている人たちには、自分の企業だけが儲かればいいという発想は毛頭ありません。ある意味での企業の語り方、もっと言えば、市場の語り方を、私たちはもう少し考えなくてはいけないのではないかというのが最近の問題意識です。

　グローバルな市場はよく悪者になりますが、そうではなくて市場というものを使う人が悪く使えば悪くなります。私たちからすると、ソーシャルな視点で市場をとらえることが非常に大事です。ソーシャルエンタープライズのような言い方がありますが、そういった企業の語り方みたいなところからも、企業とのコミュニケーションは変わらざるを得ません。

例えば市民と企業の関係性でいくと、寄付をください、お金をくださいという企業との向き合い方が今までは多かった。しかし次第にそうではない向き合い方が見え隠れし始めてきたように思います。一緒にこういう取り組みをやりましょうというように、企業の立ち位置をきちんと理解したかたちで提案すると、企業の人たちは非常に真摯に考えてくれます。大手の企業というよりも地域に根差した商売をしている人たちは、そういうふうにとらえます。
　私自身は、「まちの偉人」としての企業という文脈もあると思っています。例えば地域のお祭りをするときには、昔からあの工務店の若い衆たちがやぐらを組み立ててくれる、こういった話は私たちの社会の中にたくさんあるはずです。ただ単に儲けようという姿勢ではないということです。CSR（企業の社会的責任）という考えが一般的になってきたことも引き金になっているかもしれません。
　地域で商売をしている人たちと話をすると、それ自体が地域の企業にとってはイノベーションにつながっていくような視点が多分にあります。例えば地域の困ったお年寄りのことを考えると、今は大手のスーパーもやり始めましたが、買い物難民のようなことに気付きます。そうすると、個配やご用聞き型のビジネスにもう1回立ち返ることにより、その商店は地域の中で喜ばれ顧客を再獲得していく。こういったことは、15年ぐらい前の地域社会で起こったことです。それを大型店舗が類似したビジネスモデルを展開しようとしています。

　本稿では、まちや地域を軸に私たちの公共公益を考えながら市民性をコミュニケーションという観点で議論しました。左下のゾーンを豊かにすることが市民社会を豊かにすることにつな

コミュニケーションからみる市民性　79

がります。市民性豊かな社会をつくっていくためにも、市民から社会に向けてコミュニケーションをもっと積極的に行うことが重要なのです。

注

（1） http://npo-net.or.jp/center/
（2） http://radiocafe.jp/
（3） 深尾昌峰「市民性を支える『市民コミュニティ財団』の定義と役割」（龍谷政策学論集　第3巻第2号　2014年）
（4） 中央共同募金会「共同募金とボランティア活動に関する意識調査」（1995年）
（5） 日本ファンドレイジング協会『寄付白書2011』
（6） http://kyo-mirai.jp/

市民意識の変容と
ミニ・パブリックスの可能性

三上直之

1. 『市民の日本語』が下した時代診断

　私は、加藤哲夫さんに生前お会いするチャンスはありませんでしたが、『市民の日本語』（加藤 2002）は出版された直後に手に入れて読みました。当時、大学院で環境社会学を学んでおり、自治体環境政策への市民参加をテーマとして研究していましたので、市民参加に関する実践家の貴重な報告として熟読した記憶があります。

　加藤さんが 2011 年に亡くなって間もなく、ひつじ書房の松本功さんから、「遺された『市民の日本語』を出発点に、『市民』や『日本語』にまつわる色々なことを一緒に考えてみませんか」というお誘いを頂きました。そこで本書を再読してみて、これは一人の社会起業家が、自ら駆け抜けた 1980 年代から 2000 年代初頭までの約 20 年間に日本社会に起こりつつあった変化を切り取った問題提起の書だと、改めて認識しました。今、本書を再訪することは、最近 10 年あまりの間に日本社会がどういう方向に進んできたのかという現実を、2002 年時点での加藤さんの診断と照らし合わせる作業となります。

　この本の主張は非常に明快で、冒頭に「この本で私がいいたいことは、『参加型』の議論の方法がもっと必要だということ

です」(加藤 2002: 5) と述べられているとおりです。なぜ必要なのかという理由として、日本社会における意志決定のありかたの変化が、次のように語られます。

　「私たちの社会は、つい最近まで、実質的に少数のリーダーが考え、判断して、その判断に多数の人々が従っていくというスタイルでした」(加藤 2002: 5)

　「つい最近」とは、その後の文章を読むと分かるのですが、バブル崩壊の頃のことです。つまり、1990年代初頭をひとつの境として、日本社会における意志決定のあり方に重大な変化が生じつつある、という見方が示されていることになります。

　では、どのように変わりつつあるというのか。加藤さんは互いに関連しあういくつかのポイントを挙げています。第一に、正しい結論を誰かが持っているわけではないことに多くの人が気づきはじめたこと。第二に、かりにリーダーが「正しい」ことを決めたとしても、人々が参加して納得しない限り解決には結びつかないようになってきていること。したがって第三に、単に役所などにお願いする形で問題を解決する時代は終わったこと。このように変化しつつあるからこそ、参加型の議論のやり方が必要とされるようになってきたと、加藤さんは述べるわけです。「市民の日本語」は、そうした新しい議論の姿を指し示すキーワードでした。

2. 世論調査にみる参加意識

2.1　バブル崩壊後 10 年の変化

　バブル崩壊前後で日本社会における物事の決め方が変化したという見立てについて、加藤さん自身は具体的なデータを示しているわけではありませんが、ここに裏づけとなりそうな数字

があります。NHKによる「日本人の意識」調査の結果です（高橋・荒牧 2014a, 2014b）。1973年から5年ごとに、同じ質問を使って続けられている世論調査です。

　この調査には、もし自分の地域に「住民の生活を脅かす公害問題」が起こった場合、あなたはどのように行動しますか、という設問があります。「静観」「依頼」「活動」の三つの選択肢の中から、自分がとるであろう行動を一つ選んで回答します。静観というのは「あまり波風を立てずに解決されることが望ましいから、しばらく事態を見守る」こと、依頼は「この地域の有力者、議員や役所に頼んで、解決をはかってもらう」こと、そして活動は「みんなで住民運動を起こし、問題を解決するために活動する」ことです。質問も選択肢も、初回の1973年からずっと変わっていません。

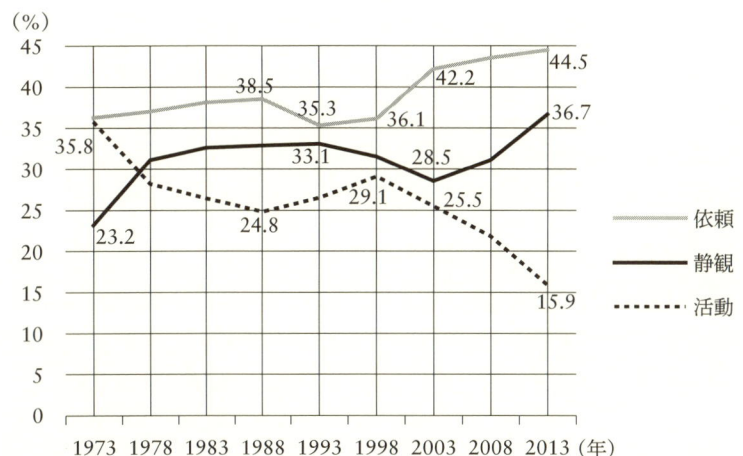

出典：高橋・荒牧（2014a: 32）に基づき作成。元のデータにあった「その他」と「わからない、無回答」はグラフから除いた。

図1　「住民の生活を脅かす公害問題」が起こった場合、どうするか（NHK「日本人の意識」調査結果から）

図1の通り、1973年に35.8％もいた「活動」派は、その後15年間で24.8％にまで減りましたが、90年代に入ると持ち直して、98年には29.1％に達します。何か問題が起こったら自分でアクションを起こすという人が、1970年代ほどではないけれども、バブル崩壊後たしかに増えたわけです。これと対応するかたちで、波風を立てずという「静観」派は93年の33.1％をピークに2003年まで、緩やかにですが減少しています。いずれも、トップダウンで権威主義的な意志決定のスタイルが1990年代初頭を境に変化しつつある、という見立てを裏づける数字です。

　1990年代に日本で起こった出来事を振り返れば、ある意味で納得できる結果と言えます。バブル崩壊とその後の不況は、それまで生活保障の柱だった企業にもう頼ることができないという現実を多くの人に突きつけました。1995年の阪神・淡路大震災では6400人もの死者を出す被害が発生し、行政も専門家も暮らしの安全を保証してくれないことを思い知らされました。同時に被災地でボランティア活動をした人の数は発生から3カ月間の累計で117万人[1]にものぼり、この年は日本における「ボランティア元年」とも呼ばれるようになりました。

　こうして20世紀の最後の10年間に、「正しい結論を誰かが持っているわけではない」とか「役所や専門家に任せるのではなく、自分が参加して納得したうえで決めたい」といった感覚が、日本でも人々の間に広がってきたのは理解できる話です。

2.2　最近十数年での急激な反転

　しかし、さらに注目しなければならないのはその後のこと、つまり『市民の日本語』が書かれてから現在までの十数年の変化です。NHK調査のデータをもう少し見てみましょう。2003

年には、少なくとも1980年代と同レベルの25.5％だった「活動」はその後急激に減少し、2013年には調査開始以来最低の15.9％となってしまいました。「静観」は2003年を境に再び上昇し、2013年には36.7％に上っています。こちらは過去最高です。

　バブル崩壊後の約10年間で、地域で問題が起こったときに自分で活動を起こすという人が増え、静観する人は減りました。ところが、その後の十数年間で、その傾向に急速な反転が起こっているらしいのです。一度は可能性が見出された「市民の日本語」が、絶滅危惧種に指定されかねない状況です。

　NHK調査の設問には、自分で運動を起こす「活動」と、波風立てずに見守る「静観」のほかに、「地域の有力者、議員や役所に頼んで、解決をはかってもらう」（依頼）という選択肢がありました。この「依頼」を選んだ人は、バブル崩壊後の93年は35.3％であり、5年前の88年と比べると有意に減少していますが、調査が始まった1970年代から90年代までは30％台後半で安定しています。それが98年から2003年にかけての5年間で約6ポイントも跳ね上がって42.2％となり、その後2013年に至るまで高止まりしています。

　この「依頼」派の増加は、先に見た「活動」の急減や「静観」の増加と同じトレンドとして一応は理解できそうです。自分で活動を起こすという人が2000年代の初頭以降、急激に減少したのと対をなして、政治家や行政などに解決を委ねようとする人が増えていると見ることができます。

　ただ、それだけでは十分に説明がつかないことがあります。それは、「活動」を選ぶ人が3割程度いた1970年代にも、「依頼」派が3分の1以上を占めていたという事実です。「活動」と「依頼」は単純な反比例の関係になっていません。これをど

う考えればよいでしょうか。

　一つの推測として、同じ「依頼」でも最低二通りのタイプがあるということが考えられます。政治家や行政に、解決方法まで含めてすべて委ねてしまい、「正解」が出てくるのをただ待つタイプと、政治家や行政にきちんと対処するよう要望しつつ、必要があれば話し合い、解決をみるまで関わっていくタイプです。

　そのように二つに分けると、前者は政治家や行政任せにして自分は静観するという態度につながっていきますし、後者は住民運動（活動）に限りなく近づいていきます。「静観的依頼」と「活動的依頼」とでも言ったらいいでしょうか。「活動」の割合が高かった時期と、それが減って「静観」が増えている時期とでは、同じ「依頼」でも中身が異なるのではないかと思うのです。少なくともここ10年の「依頼」の増加は、静観的依頼を主な成分としていると解釈できます。

2.3　国際比較調査の結果

　最近10年間の参加意識について、同様の低下を示すデータは他にもあります。中でも、世界48カ国が参加し、毎年異なるテーマで世論調査を実施する「国際社会調査プログラム（ISSP）」が興味深いデータを示しています。このISSPの2004年と2014年のテーマが「市民意識」で、ちょうど10年の間隔で同じ質問を含む調査を行いました。2004年のデータについては各国の研究者の手で詳細な分析がなされていますが、2014年の分も、日本の結果に関しては、実施機関のNHK放送文化研究所が公表しています（小林2015）。

　調査では、政治・社会活動の経験の有無に関して、請願書への署名や、デモ・政治集会への参加、政治家や公務員への意見

表明、寄付や募金活動、マスコミを通じた意見表明などの項目別に、「過去1年間にしたことがある」から「今までしたことがないし、今後もするつもりはない」までの4段階で尋ねています。日本において、この一番消極的な選択肢を選んだ人の割合は、2004年と2014年とで比較可能な7項目全てで、有意に増加しています。例えば、マスコミを通じた意見表明（投書など）は69.8％から75.7％へ、デモへの参加は70.2％から74.8％へ、政治集会への参加は63.4％から69.0％へ、という具合です。

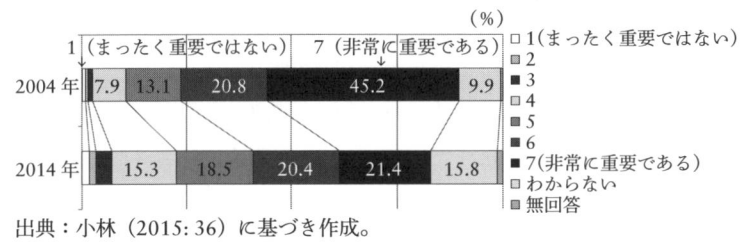

	1（まったく重要ではない）	2	3	4	5	6	7（非常に重要である）	わからない	無回答
2004年	7.9	13.1	20.8		45.2		9.9		
2014年	15.3	18.5	20.4	21.4			15.8		

出典：小林（2015: 36）に基づき作成。

図2 「人々が公的な決定に参加できる機会を増やすこと」はどのくらい重要か（ISSP調査　日本の結果）

　調査には、民主主義の権利として「人々が公的な決定に参加できる機会を増やすこと」がどれくらい重要かを、「1（まったく重要でない）」から「7（非常に重要である）」までの7段階で尋ねる質問もありました。その結果は、さらに衝撃的です。「7（非常に重要である）」と答えた人が2004年には45.2％いたのに、2014年には21.4％と半分以下に減ってしまいました（図2）。先に見た「日本人の意識」調査で、何か問題が起きた時に自分でアクションを起こすよりも、ただ静観したり、「静観的依頼」をしたりする人が増えたのと同じ傾向が、ここではよりクリアに見られます。

市民意識の変容とミニ・パブリックスの可能性　87

2.4 反転をどう捉えればよいか

「参加型」の議論の方法が求められる社会への変化や、政治的・社会的な活動への意欲の高まりの可能性といった、『市民の日本語』に描かれた方向とは逆向きの変化が、最近約10年の日本で起こっていることを見てきました。こうした変化の原因をどのように考えればよいでしょうか。

日本国内でのISSP調査の結果に対しては、「政治に働きかけても何も変わらないという意識」や「前回〔2004年〕に比べて比較的安定した経済的状況」「身近な世界で『満足』するという価値観の変化」の現れであるといった解釈が、すでになされています（小林2015）。この10年間の日本社会の状況を考えると、いずれもそれなりに説得力のある説明です。とくに、2009年の政権交代に対する期待がその後裏切られる結果となったことは重大な転機と言えます。これをきっかけに政治に働きかけるのは無意味だという意識が急速に広がったことは否定できないでしょう。

そして、2011年には東日本大震災と福島第一原発の事故が起こりました。震災・原発事故が人々の参加意識に与えた影響は単純ではないと思いますが、2002年とは状況が全く変化していることは間違いありません。『市民の日本語』の問題提起を受け止める際には、それを踏まえる必要があります。

一方で、もう一回り大きくこの変化をつかまえる視点も大切です。最近十数年での揺り戻しは一時的な現象にすぎず、バブル崩壊後に見られた、政治参加に積極的な態度の増加が長い目で見たときの趨勢であるかもしれないからです。もちろん、バブル崩壊後の10年が例外的だったという逆の可能性もあります。

どちらの見方が正しいのかは即断できませんが、そこで落ち

着いた見方を養うのに役立つ研究がつい最近発表されました。日本の研究者が ISSP 調査の 2003 年、2004 年、2006 年の 3 年分のデータを用いて、各国の民主主義の実態を分析した『民主主義の「危機」：国際比較調査からみる市民意識』という本です（田辺編著 2014）。

　投票率の低下や、若者の政治への無関心、支持政党なし層の増大などは、日本でもよく民主主義の「危機」を表わすものだと指摘されますが、多国間の調査データ比較の結果、こうした現象は民主主義が進んで安定した社会に共通の現象であることが示されています。分析した研究者たちは、「危機」を過剰に言い立てる主張こそが、政治への希望や期待を打ち砕いて、実際に危機を発生させてしまうおそれがあると指摘しています。残念ながら、この分析には 2014 年の調査結果までは含まれていませんが、最近 10 年の参加意識の反転を深刻に捉えすぎるのは、もしかすると問題かもしれません。

2.5 「ワークショップ」という言葉の定着

　『市民の日本語』に何度も出てくる、最重要のキーワードの一つに「ワークショップ」があります。例えばポイ捨てごみの問題について、まちの将来について、エイズについて、様々なテーマに関して異なる立場の人が集い、お互いに知恵を出し、学び合い、話し合い、解決策を探っていく参加の場、というような意味で使われています。このワークショップという概念が日本で普及しはじめたのが、まさにバブル崩壊後の十数年だったように思います。

　この実感を確かめたくて、ワークショップという言葉が新聞や雑誌の記事にどれくらい登場してきたかを調べてみました。朝日新聞の記事データベース検索を使って、『朝日新聞』『週刊

朝日』『AERA』の3紙・誌でワークショップという言葉が登場した記事をすべて数えました（図3）。すると、ワークショップという言葉は80年代半ばに初めて登場した後、バブル崩壊の頃は年間100件前後（平均すると週2回登場する程度）だったのが、その後の10年で800件程度（毎日2件）にまで増えていることが分かりました。

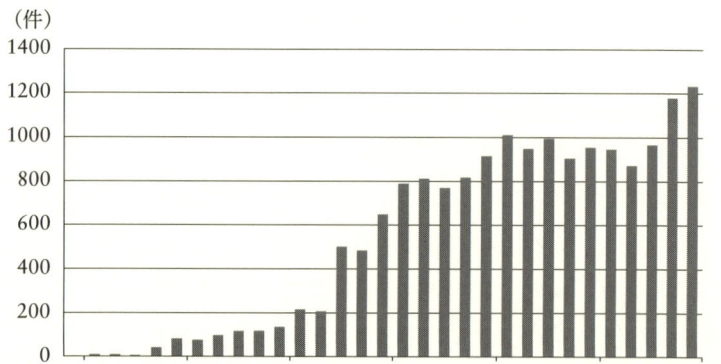

(件)

出典：朝日新聞社のデータベース「聞蔵Ⅱビジュアル・フォーライブラリー」で「ワークショップ」の語を含む記事を検索（2015.1.10）し、作成。
図3　「ワークショップ」を含む新聞・雑誌記事の件数（『朝日新聞』『週刊朝日』『AERA』の3紙・誌）

　興味深いことに、この数字はその後も上昇しつづけており、2014年には1233件に上りました。1日平均3回は登場している、ということです。ここまでくれば、ワークショップという言葉は一時の流行ではなく、最近十数年の間にも浸透しつづけていると言えそうです。
　単純な記事検索の結果ですから、「ワークショップ」という言葉が、ここでいう参加型の学習や議論の場とは異なる意味や文脈で使われている場合もあるでしょうし、もしかすると、別

の新聞なら違う結果になるかもしれません。それでも、一度拡大しはじめた参加型の議論や学びの場への欲求は、狭い意味での政治への失望をよそに広がっている可能性が、ここには示されています。

3. ミニ・パブリックスという方法

3.1 ミニ・パブリックスとは何か

そうした潜在的な欲求を形にして、社会の中での意志決定への参加に結びつけていくにはどうすればいいでしょうか。こうした文脈で、私がこの10年近く注目し研究しているのが、「ミニ・パブリックス」と呼ばれる方法です（篠原編 2012）。

これは、社会の縮図となる十数人から数百人程度の人々を集め、この人たちが所定のテーマについて1日から数日間話し合って得た結果を、自治体や政府の政策決定などに用いる、新しい参加のしくみです。社会の縮図をつくるために、次に説明する討論型世論調査では無作為抽出で参加者を募りますし、別の手法で新聞広告などを用いて公募する場合でも、応募者の中から、年代や性別、職業のバランスを考慮して抽選するような方法がとられます。公募型の場合、議論のテーマについての専門家や、直接の利害関係者のように明確な立場や意見を持っている人は参加できないというルールを設けることもあります。

表 1 「ミニ・パブリックス」の代表的な手法

	日程	人数	発祥地（年）	特徴など
討論型世論調査（DP）	1～3日	100～数百人	米国（1988）	討論の前後に同じ内容のアンケート。合意形成はせず
コンセンサス会議	3～8日	15人程度	デンマーク（1987）	参加型テクノロジー・アセスメントの手法。参加者が自ら合意文書を起草
プラーヌンクス・ツェレ	4日	100人以上	ドイツ（1973）	5人×5のグループによる徹底した討議と投票、提案作成
市民陪審	5日	20人前後	米国（1974）	証人からのヒアリングと討議を踏まえて、事実認定・勧告
市民討議会	1～4日	数十人	日本（2005）	小グループ討論と報告書の作成・公表。青年会議所を通じて急速に普及

出典：篠原編（2012）などに基づき作成。

　ミニ・パブリックスには、参加人数や期間、結果のアウトプットの仕方などの点で異なる様々なバリエーションがあります（表1）。ここでは、代表的な手法の一つである「討論型世論調査（deliberative poll）」を取り上げて、ミニ・パブリックスがどんなものなのか、詳しく説明します。

　討論型世論調査は、無作為抽出によって集めた人たちを対象に、討論会とアンケート調査を組み合わせて行う新しいタイプの世論調査として、米国の政治学者、ジェームズ・フィシュキン氏（スタンフォード大学教授）が1980年代に考案しました（Fishkin 2009＝2011）。その後、世界約20カ国で用いられ、日本でも2009年以降、10回近い開催実績があります。

　討論型世論調査では、最初に、対象となる地域の住民全体から数千人を無作為抽出してアンケート調査を行い、その回答者の中から、討論会への参加者を百人～数百人程度募ります。そ

写真1　ミニ・パブリックスでの話し合いの様子（「BSE問題に関する討論型世論調査」のグループ討論）

れまでテーマに強い関心のなかった人にも参加してもらえるよう、参加者に対しては、会場までの交通費、会期中の宿泊や食事も提供され、さらに1日あたり数千円〜一万円程度の謝金が支払われるのが一般的です。

　討論会への参加を決めた人には、討論テーマについて分かりやすくまとめた数十ページの情報冊子が事前に送り届けられます。参加者は各自これを使って予習をしたうえで、討論会に臨むことになります。討論会当日は、1〜2日間程度、十数人のグループに分かれて自由にディスカッションしたり、疑問点について専門家に質問したりという話し合いをし、最後にもう一度、最初に回答したのと同じアンケートに答えます。最初のアンケートが、ほとんどの人にとって知識や情報のない状態で、直感的に回答した結果だとすれば、討論後のアンケートは、必要な知識・情報を得て、じっくりと話し合ったうえでの意見、

いわば「熟議を経た世論」ということになります。ちなみに、討論会当日の開始前にも同じアンケートを行うことが多く、事前アンケート、討論会当日の討論前アンケート、討論後アンケートの3回の結果を比較することができます。

3.2 熟議するということ

こうしたやり方にどんな利点があるかは、市民参加や世論の把握のために今まで用いられてきた方法と対比してみると分かります。

市民参加の方法としては、これまでも公聴会や各種のワークショップ、意見募集（パブリックコメント）などがありました。これら従来の方法では、対象のテーマにもともと強い関心があって、積極的に意見表明しようとする人の参加が中心になりがちでした。そこで表明され集約された意見を、そのまま社会全体の意見の傾向と見なすのは少し無理があります。

社会全体の意見の傾向をつかみたいなら、世論調査というやり方もあります。しかし一般的な世論調査では、突然、調査員の電話や訪問を受け、または調査票が郵送されてきて回答を求められます。「あなたは○○内閣を支持しますか」「その理由は何ですか」とか、「△△という政策に賛成ですか、反対ですか」といった質問に、十分な情報を得たり、じっくり考えたりする機会もないまま答えざるをえないのが、通常の世論調査です。これでは、熟慮を経た意見を抽出する方法とはなりえません。そうして集計した意見を大事な政策決定の根拠とするのは心もとない面があります。

既存の方法の限界を踏まえて、かりに多くの人が熟慮の機会を得たとしたら、どのような意見になりそうかを知ることを狙って編み出されたのが討論型世論調査でした。その狙いは、

「討論型世論調査」という名前によく現われています。

「討論型」というのは、もとの英語名では"deliberative"という形容詞です。動詞にすると（to）deliberateで、これは英語の辞書では「格式ばった（formal）」語だという注釈のうえで、"think or talk carefully"との説明があります。「じっくり考えたり、話し合ったりすること（を、ちょっと格好つけて言いたい場合に使う語）」と理解すればいいでしょう。

日々の生活や仕事の中で何か難しい問題が持ち上がり、どうやって解決をはかったものか、あれこれ模索し、検討する羽目になる場面を思い起こしてみてください。そんなときには、一人でじっくり考えることもあれば、家族や上司、同僚などと話し合うこともあるでしょう。そのどちらかだけで済む場合もあるかもしれませんが、問題の解決のために、両者を並行して行うことが多いはずです。そんな状態をまとめて表現した語が、deliberateであると考えるとよさそうです。和訳は、「一人でじっくり考える」方に力点がある場合は、「熟慮する」「熟考する」などとなり、「話し合う」方が主ならば「討議する」「熟議する」などとなります。"deliberative poll"を説明的に訳せば、「じっくり考えたり、話し合ったりする要素を含む世論調査」となります。

ミニ・パブリックスには、討論型世論調査以外にも表に挙げたような手法のバリエーションがありますが、これらの手法の背景にあるのが熟議民主主義（deliberative democracy）という考え方です。これは、一般の人々が熟慮し討議することを重視する、民主主義についての新しい理念です。1990年代から政治学などの分野で活発に議論されてきています。

このような話をすると、民主主義には話し合いが大切だというのはあまりに当然すぎる考え方であって、どうしてそんなも

のが今さら「民主主義についての新しい考え方」になるのかと疑問に思う方もいるかもしれません。しかし、現代社会における私たちの、とりわけ国政レベルでの政治との関わりを考えてみれば、民主主義の中心に討議を据え直すというアイデアは、それなりに思い切った提案であることに気づかされます。

　今日、多くの国民にとって、はっきりと目に見える形で政治に参加する機会は選挙に限られます。日本を始めとする多くの国での民主政治の制度では、選挙によって選ばれた代表者が議論をし、最終的には多数決で、法律や予算をつくります。民意は、選挙や議会での投票という集計の形で表現されます。そこでは、話し合いを通じて問題に新たな光が当てられ、参加する私たちの意見が変容し、それを通じて新たな社会的合意が生み出されていく、といったダイナミズムが存在する余地はほとんどありません。

　選挙によって代表者を選んだら、それで私たちの役目は終わり、後は代表者にお任せで物事が本当にうまく進むのであれば、もしかすると、それはそれで幸せな世界なのかもしれません。しかし現実には、これだけ難題が同時に多発している世の中で、選挙だけで民意がすくい取れると考えることに無理があります。選挙で一票を投じるだけの参加ではなく、普段から主だった問題についてじっくりと考えて話し合い、それを国や地域の舵取りに生かすしくみが必要になります。熟議民主主義の出番です。

　とは言うものの、国全体、地域全体の住民を集めて話し合いの場をつくることは物理的にほぼ不可能です。そこで、無作為抽出などの方法で「社会の縮図＝ミニ・パブリックス」をつくって話し合いを行い、そこで得られた結果を政策決定などに生かす方法が考案されてきたわけです。

ミニ・パブリックスの手法の中には、熟議民主主義の議論が活発に行われる以前に開発され、実践に移されていたものもあります。全ての手法が初めから、熟議民主主義の理論を踏まえて考案されたわけではありません。社会の縮図となる人々を集めて議論を行い、その結果を政策決定などに用いる手法が社会の中で生まれてきており、その現象を理論的に跡づける中で「ミニ・パブリックス」という概念が生まれた、というのが実際です。

3.3　私がミニ・パブリックスに注目した経緯

　初めに少し触れましたが、『市民の日本語』が出版された頃、私は大学院の博士課程で環境社会学の研究をしていました。東京湾にある三番瀬という干潟が、私のフィールドでした。1980年代に行政がつくった埋め立て計画が、地元での激しい議論の末、環境保護の観点から中止された場所です。中止の後には、干潟の保全と再生の進め方について、徹底した市民参加で話し合うため、地域住民や漁業者、環境保護団体、専門家などが参加する「円卓会議」という場が設けられました。私は、埋め立てが中止になる直前にフィールドワークを始め、埋め立ての中止を経て円卓会議で保全再生計画の案がつくられるところまで、約5年間、現地に通いつづけて調査し、博士論文を書きました（三上 2009）。

　大規模埋め立てという公共事業が中止され、その後、新しい環境保全・再生の計画がつくられていく過程に興味をひかれ、それを詳しく分析するのが当初の研究目的でしたが、調査を進めるうちに、徐々に関心の焦点が変化していきました。円卓会議では、せっかく多様な関係者が一堂に会して自由に議論できる場が設けられたのですが、そうした場では参加者同士の利害

対立が際立ってしまい、建設的な議論ができないという現実も見せつけられました。私自身は、計百数十回に及んだ会議のかなりの部分を傍聴しましたので、数年のフィールドワークを通じて、参加型の議論の場づくりの難しさを目の当たりにしつづけたことになります。東京湾に通う約5年間で、立場の異なる人々が参加する議論の場をどうつくりあげるかが、自分の関心の中心となっていきました。

　その関心の中には、円卓会議のような利害関係者による議論の方法も含まれますが、東京湾でのフィールドワークの経験から、社会的によりよい意志決定を行っていくためには、それだけは足りないことも感じていました。東京湾での埋め立て問題がそうだったように、とくに世論を二分するような問題には、直接の当事者、利害関係者でない人も含め、幅広い市民の視点を導入することが欠かせないと考えたのです。東京湾での調査が一段落して、そうしたことを考えている頃、ミニ・パブリックスの手法を用いた会議の企画・運営に、いくつか続けて携わる機会を得ました。これをきっかけに、ミニ・パブリックスでの議論の様子や、これらの手法の日本社会での活用可能性を研究するようになりました。

　この約10年間、ある時は企画者や進行役として、またある時は観察者、傍聴者として、色々なミニ・パブリックスに立ち会ってきました。その中でミニ・パブリックスは、今日の日本において多様な立場の市民が集まってじっくり話し合う場をつくる有力な方法となりうると感じるようになりました。

4. ミニ・パブリックスで何が起こるか

4.1 「素人」目線での問い直し

　ミニ・パブリックスに参加するのは、一般から無作為抽出などで選ばれた市民ですから、議論のテーマについて予備知識を持たない場合がほとんどです。あらかじめ特別な関心や知識を持っていない人が議論することにこそ意味があります。私たちはみな、自分の専門分野、得意分野を一歩外に出れば、ほとんどのテーマについて全くの素人である、と言ってよいと思います。ミニ・パブリックスは、そうした素人である市民が、かりにあるテーマについてバランスの取れた情報と、話し合いの機会を与えられたとしたら、何を考え、どのような結論を出すかを実験的に知る方法であるとも言えます。

　そこでミニ・パブリックスでは、参加者に対する情報提供を手厚く、丁寧に行います。議論に必要な情報をまとめた小冊子を参加者に送って読んで来てもらったり、当日専門家を招いて講義をしてもらったり、参加者の質問に答えてもらったりします。ミニ・パブリックスでは、意見が対立するテーマを扱う場合が多いのですが、間違っても情報操作のようなことにならないよう、バランスを十分に考慮して資料の編集や専門家の人選を行います。

　こうした情報提供により、事前にほとんど知識のなかった参加者も議論に参加できるようになります。議論の過程では、行政や専門家の側が設定した枠組み自体を問い直すような質問も数多くなされます。

　それを実感したのは、福島第一原発事故の翌年（2012年）8月、将来のエネルギー政策の方向を決める議論の一環として当時の民主党政権が討論型世論調査を用いたときでした（曽根

ほか 2013)。このときは、2030 年時点の原発比率がゼロ、15％、20-25％という三つの選択肢をもとに、全国から無作為抽出で集められた約 300 人の市民が、各選択肢の長所・短所を説明した情報資料を読んだ上で 2 日間にわたって議論しました。私は、この討論型世論調査の一部始終を傍聴していましたが、そこで興味深かったのは、専門家との質疑応答の時間に、参加者は専門家に対して技術的な詳細について質問するだけでなく、議論の前提となっている情報の確かさや、三つの選択肢自体の妥当性についても疑問をぶつけていたことです。専門家も、今後の原発政策のあるべき姿についてそれぞれの立場を鮮明に打ち出して応じていました。

　終了後の参加者アンケートで、専門家とのやりとりへの満足度を聞いた質問では、「専門家の回答は適切なものであった」と評価した人は 66.7％でしたが、「〔他の参加者が出した〕質問の論点に興味がわいた」という項目では「そう思う」と答えた人は 78.9％にのぼりました。参加者は、専門家の発言から情報を得る以上に、質問を通じて互いに触発しあっていたことが分かります。

　ミニ・パブリックスの手法には、こうした参加者目線での疑問や指摘を積極的に引き出すしかけを組み込んだものもあります。15 人程度の参加者が数日間密に議論して政策提言をまとめる「コンセンサス会議」という手法では、会議の冒頭、参加者がテーマについて簡単な情報提供を受けたうえで、議論に入る前に全員で専門家への質問状をまとめるステップがあります。15 人で知恵を寄せ合って質問をまとめることにより、専門家が設定した枠組みとは異なる視点でテーマを捉え直すことが可能になります。

　私が所属する研究グループで、ナノテクノロジーの食品への

応用をテーマとしたコンセンサス会議を開いたことがあります（立川・三上編著 2013）。このときは事前の情報提供として、専門の研究者が、食味や栄養を改善する微細な食品加工技術の開発の最先端と、安全性への懸念にこたえる研究について話されました。ところが、それを聞いた参加者がつくった質問状で問われたのは、技術の素晴らしさでもなければ、どう安全性を確保するかでもありませんでした。参加者が問いかけたのは、「そこまで技術を開発する必要性があるのか」ということであり、「消費者にとってのメリットは何なのか」ということだったのです。これらの点は、研究者たちも無視していたわけではありませんが、お互いの関心の力点は明らかに異なっていました。コンセンサス会議で情報提供した専門家が、会議の後で「参加者の方にポイントを理解していただいた上で、違った意見を頂戴できた。今まで『一般の人はどう考えているのかな』と自信が持てないところがあったが、こういう意見が出て参考になる」と述べていたのが印象的でした。

4.2　話し合いを通じた意見変容

　ミニ・パブリックスの参加者は、無作為抽出などの方法で社会の縮図を構成する形で集められますから、取り上げられるテーマについて強い利害や主義主張を持っていない人がほとんどです。

　利害関係者や専門家同士の議論の場であれば、参加者はそれぞれの出身母体を背負って集まってきます。母体は特定の「組織」や「地域」「業界」かもしれませんし、研究者であれば「専門分野」かもしれません。出身母体を背負っての発言は、その場でのやりとりに応じて自由に意見を変える、という方向にはなかなか向かいません。これとは対照的に、参加者が個人

としての資格で参加し、話し合いを通じて考えを変えたり、一緒に新たな意見をつくり出したりできることが、ミニ・パブリックスの特徴です。

とくに討論型世論調査の場合、事前、当日討論前、当日討論後の３回アンケートを取りますから、参加者の意見の変化が如実に分かります。図４は、私たちの研究グループが、札幌市全体から無作為抽出で募った参加者約150人を集めて2011年に実施した「BSE問題に関する討論型世論調査」のアンケート結果です（BSE問題に関する討論型世論調査実行委員会 2013）。

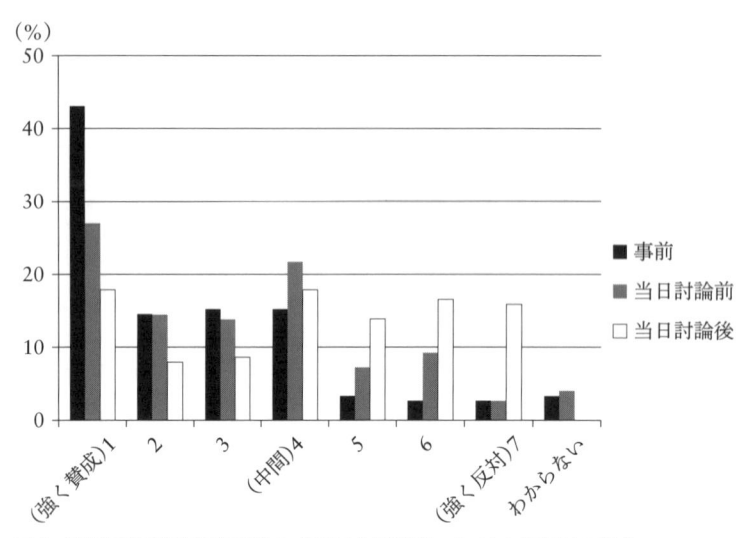

図４　討論型世論調査参加者の「BSE全頭検査」に対する意見の変化

当時、日本国内で屠畜される牛に対してはすべてBSE（牛海綿状脳症）検査が行われていました。比較的若い牛は、かりにBSEに感染していたとしても原因物質が体内に十分蓄積していないため、検査で検出できない可能性が高く、若い牛まで含め

て全頭検査してもリスク低減の効果は薄いと考えられています。そのため日本でも、政府が2005年に20カ月齢以下の牛を検査対象から外したのですが、家畜の検査を担当する全国の自治体が、横並びで若い牛も含めた全頭の検査を継続する状態が続いていました。この措置にはそれなりの背景があり私は一概に否定すべきものでないと思いますが、ここではその内容には立ち入りません。ともかく、北海道は畜産の盛んな地域ですから、税金でまかなわれているBSE全頭検査について上記のような科学的な評価も踏まえて、本当に必要かどうかをミニ・パブリックスで議論してみようと試みたのです[2]。

　この討論型世論調査では、BSE全頭検査への賛否を、1（強く賛成）から7（強く反対）の7段階で尋ねました。事前アンケートの時点では、合わせて7割もの人が賛成（グラフでは左寄りの1〜3番）を選びました。この時点では、ほとんどの回答者が全頭検査の効果や限界、かかる費用、もっと言えばBSE全頭検査が行われているということ自体、十分理解していなかったと思います。2001年に国内で初めて感染牛が見つかったBSE問題は、このときにはもうすっかり下火になっていましたから、詳細を忘れているのは自然なことです。全頭検査への強い支持は、「よく分からないけれど、全頭検査してくれるなら安心」という回答を多分に含むものだと思われます。

　情報冊子を読んだうえで当日会場に集まり、討論に臨む前の結果が、真ん中の灰色のグラフです。強い賛成の人が減って、全頭検査に反対の人も増えていることが分かります。さらに討論会の当日、他の参加者とグループで話し合ったり、専門家に質問したりというプロセスを経た後のアンケート（白色のグラフ）を見ると、全頭検査賛成の意見は減り、反対する人が増えていることが分かります。

ただ、この討論後のアンケートでも、依然として約3割の人が全頭検査に賛成と答えていることは無視できません。ミニ・パブリックスに参加した前後で意見が変わること自体が大事なのではなく、バランスのとれた情報提供を受けて参加者が考え、異なる意見を持つ他の参加者と熟議するというプロセスにこそ意味があります。事前アンケートの結果が、与えられた問いに対して熟慮せずに反応した即席の世論だとすれば、討論後のアンケート結果は、情報を得て一定程度熟慮した上での世論、と言えるでしょう。

4.3 参加後も持続する熟議

ミニ・パブリックスへの参加は、その後も参加者の認識や行動に影響を与えつづけます。

2012年の夏、政府による討論型世論調査とほぼ同時に、私自身も参加する研究者・NPO合同のグループが、討論型世論調査の手法を応用して原発・エネルギー政策をテーマとした民間版の討論会を行いました。その参加者に、討論会から3カ月経った頃にお話を聞く機会がありました。

そのうちの一人、会社員の女性は、「自分はもともと、エネルギーや原発の問題よりも、このひどい経済を何とか立て直してほしいという思いの方が強かった」と言い、初めは、今後も原発を使いつづけるべきだという意見だったそうです。

「このイベントに参加してから、原発ゼロの方がよいという考えや、色々なエネルギーの選択肢があるといった意見についても理解した。当日の討論後アンケートでは意見はそれほど変わらなかったが、イベントの後しばらく経って、ニュースなどで、原子力を止めている国のことなども見たりして、原子力に頼らなくてもよいのではないかという方向に意見が変わりつつ

ある。」

　この女性の場合、自分のグループが議論していた部屋に、テレビ局の取材が張り付いていて、本人もニュース番組に顔が少し映りました。それを偶然見た会社の同僚から、「テレビに映っていたよ」と声をかけられ、それをきっかけに、職場ではめったにする機会のなかった原発についての会話をしたのだそうです。「討論型世論調査に参加することで議論の輪が広がる経験をした」と、この女性は話してくれました。

　ミニ・パブリックスへの参加が一つのきっかけとなって、数カ月経った後でも参加者の中で、また周囲の人を巻き込みながら熟議が続いていたことは注目に値します。

4.4　合意形成の試みと対立点の明確化

　ミニ・パブリックスの中には、討論型世論調査のように議論の結果を投票やアンケートによって集約するものもあれば、話し合いを通じて参加者間の合意に至ることを目指すものもあります。後者の代表例に、先述のコンセンサス会議があります。

　この手法では、質問状に対する専門家の回答を聞いたうえで、参加者自らが提言文書をまとめていきます。この手法の場合、参加者は15人前後と比較的少数なのですが、それでも年代も職業も異なる男女が、意見を一つに集約し、それを文章に書き表していくというのは、大変な作業です。

　この点で、2006年から2007年にかけて「遺伝子組換え（GM）作物の栽培」をテーマとして、北海道庁と勤務先の大学が協力して開いたコンセンサス会議のことは今でも忘れられません（小林2007: 219-258，三上2012）。足かけ4カ月間にわたり、計5日間開かれた会議の最終日、道内でのGM作物の栽培の是非という最大の論点について、全道から集まった

15人の参加者の意見は二つに割れており、閉会時刻が数時間後に迫る中、収束する気配を見せませんでした。

　実行委員の一人として進行役（ファシリテーター）を務めていた私も、内心焦っていましたが、議論の主役はあくまでも参加者であり、勝手に話をまとめてしまうわけにはいきません。このときは、参加者の中で最年少の高校生が、栽培賛成も反対もいずれも貴重な意見であり「両論併記することに価値があるのではないか」と提案してくれたことで話がまとまりました。提言文書には、GM作物の栽培に対する賛否の意見が併記されるとともに、15人全員のコンセンサスとして、北海道は「日本の食料基地として食料自給率の向上に大きな役割を果たすべき」という主張が盛り込まれました。GM作物栽培への二つの対立する意見は、この共通の目標に向かう方法の違いであることが述べられました。

　明快な結論を欲する立場から見れば、議論を尽くした結果、参加者全員が納得できる合意が得られることがコンセンサス会議の成功だと言えるかもしれません。では、このコンセンサス会議は失敗だったのでしょうか。そうではないと、私は思います。ミニ・パブリックスの中で数十時間かけて議論をしてもなお解消できない意見の違いが残るということは、その論点については、実社会の中でも簡単には合意できない対立がある、と考えるべきでしょう。可能なかぎり合意を探り、それでもなお一致できない点はどこにあるのか、つまり真の対立点は何なのかをあぶり出すという意義が、このような議論にはあると思っています。

4.5　議論結果の生かし方

　こうして出されたGM作物についてのコンセンサス会議の

結果は、その後、北海道で一定の影響力を持ちつづけています。北海道には、遺伝子組換え作物の栽培を規制する独自の条例がありますが、この条例が数年おきに見直される際には、コンセンサス会議での提言も参考にされています。コンセンサス会議が改めて開催されることはありませんが、その後も定期的に実施されている道民アンケートによると、GM技術に期待する道民は少なくないものの、道内での栽培には根強い反対がある、という傾向は変わっていません。今のところ条例は改正されず、独自の規制は継続されています。

　これはミニ・パブリックスでの結論が自治体の政策決定に活用されている例ですが、先に紹介した原発・エネルギー政策に関する討論型世論調査も、政府のエネルギー戦略づくりに影響を与えました。

　このときは討論型世論調査の結果、情報提供と討論を経た後では、約半数の参加者が将来（2030年時点）の「原発ゼロ」を選択しました。これが一つの決定的な要因となって、当時の政権は「2030年代に原発稼働ゼロ」を目指すとするエネルギー戦略を決めました。ミニ・パブリックスでの話し合いの結果が、国の政策に目に見える形でインパクトを与えたという意味で、画期的な出来事でした。

　ただ、その3カ月後の総選挙で民主党が大敗し、自民党が政権に返り咲き、その後は、民主党政権時代につくられたエネルギー戦略ばかりか、その前段で行われた討論型世論調査での議論も全く顧みられないことになりました。ミニ・パブリックスの結論がどのように用いられるかは、政権や行政の方針次第だということを示す結果となりました。

5.「市民の日本語」が息づく場をつくるには

　近年、現実の政治に対する失望などから、既存の参加の回路に対する意欲が低下していることは、この章の前半で紹介した世論調査の結果からも明らかです。とは言え、「少数のリーダーが考え、判断して、その判断に多数の人々が従っていくというスタイル」へと単純に逆戻りすることにはならないでしょうし、なるべきでもないと感じている人が多数だと思います。正しい結論を誰かが持っているわけではないことに多くの人が気づきはじめ、リーダーが「正しい」ことを決めたとしても、人々が納得しない限り解決には結びつかない、という社会の変化自体は、止められるものではないからです。とすれば、私たちの多くが手ごたえを感じられる参加の方法を、これから編み出していかなければならないのだろうと思います。

　先に紹介した市民意識のISSP調査では、政治・社会活動の経験を尋ねる質問の中に、請願書への署名やデモ、政治集会への参加、マスコミへの投書などと並んで、「政治的、道徳的、環境保護的な理由で、ある商品を買うのを拒否したり、意図的に買ったりした」という項目があります。このような項目が設定されたのは、どんな商品にお金を払うかという選択が、非公式な形で自分の政治的嗜好を表現する手段であると捉える人々が増えていることを表わしています（Hay 2007=2012: 31–36）。例えば、食べ物で言えば、「地産地消」の「有機野菜」を食べる人、マクドナルドなどのファストフードを食べる人、スターバックスでフェアトレードのコーヒーを飲む人は、それぞれ「投票に近い政治選択を下している」ことになります（速水 2013）。

　ISSP調査の日本での結果（2014年）を見ても、「政治的、

道徳的、環境保護的な理由で、ある商品を買うのを拒否したり、意図的に買ったりした」の項目は、請願書への署名に次いで不人気度が低い、つまり抵抗感が少ないという結果でした。「今までしたことがないし、今後もするつもりはない」と答えた人が、寄付や募金、デモ、政治集会への参加、マスコミへの投書では5割から8割近くに上ったのに対し、商品の不買・購入というこの項目は、46.2％でした（それでも、2004年と比べると約6ポイント増加していたことは見逃せませんが）。

　日々の「買う／買わない」を通じた政治的・社会的参加について、他の方法と比べ相対的に多くの人が、「これならば自分にもできるかもしれない」と感じている、と言えます。

　これとはやり方は異なりますが、ミニ・パブリックスも参加の回路を新たに開く一つの道具となりうるのではないかというのが、私がここでお伝えしたかったことです。この道具の強みは、年代も職業も住んでいる所も違うふつうの市民が、知恵を出し合ったり、考えをぶつけ合ったりすることで、新たな意見を形づくっていくことができる点にあります。絶滅危惧種かもしれない「市民の日本語」が息づく場をつくり、そこで話し合われた結果を社会的な意志決定に生かす方法となりうると思います。

　ミニ・パブリックスへのこうした期待は、世界的な広がりを見せはじめています。世界中の国や地域で、それぞれ100人ずつの社会の縮図となる人々を集め、同じ議題、同じ情報資料、同じ会議プログラムを使って、同じ日にミニ・パブリックスを開くという、「世界市民会議（World Wide Views）」という取り組みがあります。まだ実験的なものですが、2009年に気候変動、2012年には生物多様性をテーマとして、それぞれ日本を含む数十カ国で開催されました。2015年にも気候変動

とエネルギーをテーマとした3回目の会議が開かれる予定です。

　会議の結果は共通の議題に対する投票結果の形で集約され、国際機関や各国政府、マスメディアなどに送り届けられ、活用されます。私も2009年の1回目からこのプロジェクトに携わっていますが、会議の実施と並行して、この方法が国際政治に関する市民の話し合いや参加をいかに促進しうるか、というテーマでの共同研究も進んでいます。

　権威主義的でトップダウン式の意志決定の形が力を失う一方で、一人ひとりの政治的・社会的な参加意識は低下するというジレンマに、どのように対処していくことができるのか。その試行錯誤から、どんな「市民」や「日本語」の可能性が生まれるのか。ミニ・パブリックスをめぐる内外の動きは、そんな問いに迫る手がかりを示してくれています。

注

(1) 兵庫県県民生活部「阪神・淡路大震災　一般ボランティア活動者数推計」http://web.pref.hyogo.jp/wd33/documents/000036198.pdf（2015.2.9閲覧）
(2) その後、2013年6月をもってBSE全頭検査は全国一斉に廃止されました。

参考文献

加藤哲夫（2002）『市民の日本語：NPOの可能性とコミュニケーション』ひつじ書房.

小林傳司（2007）『トランス・サイエンスの時代：科学技術と社会をつ

なぐ』NTT出版.
小林利行（2015）「低下する日本人の政治的・社会的活動意欲とその背景：ISSP国際比較調査「市民意識」・日本の結果から」『放送研究と調査』，65（1），22-41.
篠原一編（2012）『討議デモクラシーの挑戦：ミニ・パブリックスが拓く新しい政治』岩波書店.
曽根泰教・柳瀬昇・上木原弘修・島田圭介（2013）『「学ぶ、考える、話しあう」討論型世論調査：議論の新しい仕組み』木楽舎.
高橋幸市・荒牧央（2014a）「日本人の意識・40年の軌跡（1）：第9回「日本人の意識」調査から」『放送研究と調査』，64（7），2-39.
高橋幸市・荒牧央（2014b）「日本人の意識・40年の軌跡（2）：第9回「日本人の意識」調査から」『放送研究と調査』，64（8），2-23.
立川雅司・三上直之編著（2013）『萌芽的科学技術と市民：フードナノテクからの問い』日本経済評論社.
田辺俊介編著（2014）『民主主義の「危機」：国際比較調査からみる市民意識』勁草書房.
速水健朗（2013）『フード左翼とフード右翼：食で分断される日本人』朝日新聞出版.
BSE問題に関する討論型世論調査実行委員会（2013）『BSE問題に関する討論型世論調査　報告書』(http://hdl.handle.net/2115/53032)
三上直之（2009）『地域環境の再生と円卓会議：東京湾三番瀬を事例として』日本評論社.
三上直之（2012）「コンセンサス会議：市民による科学技術のコントロール」篠原一編『討議デモクラシーの挑戦：ミニ・パブリックスが拓く新しい政治』岩波書店，33-60.
Fishkin, J. S. (2009) *When the People Speak: Deliberative Democracy & Public Consultation*, Oxford University Press.（＝2011，岩木貴子訳・曽根泰教監修『人々の声が響き合うとき：熟議空間と民主主義』早川書房.）
Hay, C. (2007) *Why We Hate Politics*, Polity Press.（＝2012，吉田徹

訳『政治はなぜ嫌われるのか：民主主義の取り戻し方』岩波書店.）

「聴き耳」のゆくえ

『新修　福岡市史特別編　福の民』(2010) から

重信幸彦

1. あることばの現場から

1.1　紙店の「話」

　福岡市博多区のＫ通り商店街の端から端まで、行ったり来たり、もう3度目だった。先ほどから、私は話を聴きに入る場所を決めかねていた

　福岡市の自治体史民俗篇の1冊をまとめるために、私たち民俗部会の11人は、手分けして福岡市内のあちこちで話を聴いて歩いていた。民俗部会とはいうものの、私たちは、従来の自治体史に多く見られた「社会伝承」「経済伝承」「信仰」「儀礼」「年中行事」「民俗芸能」「口頭伝承」と項目別に整然とくくられた「民俗」誌をつくるつもりは全くなかった。そのように分類され体系化されていく、もっと手前で、福岡という街の暮らしに向き合うことから、始めようとしたのである。

　だからそれは、「福岡の街の民俗の記録」ではなく、まず「福岡の街の暮らしの記録」をつくる作業となった。そして、3冊の民俗編本編を刊行する前に、約5年をかけて『新修　福岡市史特別編　福の民　暮らしのなかに技がある』(福岡市 2010　以下『福の民』) をまとめあげた。それは、1人の話者の話をもとに1件800字から1000字でまとめた文章と、その

話者の暮らしやなりわいのありようを写した数点の写真で見開き2ページとし、それを約150件重ねて1冊としたものであった。
　あらかじめ、民俗とか文化とか名づけられたものを対象化するのではなく、まず、この地で暮らしている人そのものに向き合うことにしたのである。
　同書の「まえがき」は、「民俗編」そしてこの「特別編」の目的として、「このマチに生きてきた人々の知恵が、時代に応じてどのようなかたちで受けつがれてきたか、今を生きる人々がどのような工夫と創意をもってこの時代を生きているか、そして、これからのマチがどのような形で先祖たちの知恵をふまえた繊細で大胆な飛躍をとげうるか、を明らかにすること」と記している（民俗部会長・関一敏「まえがき」『福の民』8頁）。この「知恵」というキーワードは、最初に掲げられた旗印というより、後に述べるように、私たちの紆余曲折のなかで次第に確かなものになっていったことばであった。
　結局、11人の民俗部会のメンバーが、それぞれのやり方で街を歩き、人に出会い、相手のことばに耳を傾けるという作業を重ねることになった。
　私は、しばしば、あらかじめ何のアポイントメントもとらずに偶然に身をまかせる、いわゆる「飛び込み」という出会い方を選んだ。そのくせ、どこの誰に話を聞かせてもらうか、なかなか決められなかった。タイミングとも違う、「勢い」といってしまえばそれまでなのだが、話が聴けそうな雰囲気か否かという相手のありようというより、自分自身のなかに何かが満ちてくるのを推し量っていたといったほうがいいかもしれない。1軒1軒、店の前を通り過ぎながら、「ここで話を聴こう」と自分の身体が動き出すのを待った。

K通り商店街を幾往復かしながら1軒の文房具店が気になっていた。大手文具会社の名の入った看板があり、明らかに文房具店なのだが、さらにその上に掲げられた大看板には「T屋紙店」とあった。
　店の奥に、メガネをかけた70代くらいの白髪の女性の姿が見えた。
　「お忙しいところすみません」、このひと言が、客ではないことを伝える。そして、福岡市が街の暮らしの記録を作っていて、話を聴いてまわっているところだと伝え、ともかく店先で話を始める。
　まず「紙店」という看板についてたずねた。もともと、昭和3（1928）年以来この地で営業してきた西洋紙を中心に扱う専門店だった。それが、紙を買いに来た人から、ついでにあれはないかこれはないかと言われるたびに、それらを店先に置いていったら、いつしか店の表側のたたずまいが文房具店になってしまったのだという。
　しかし、店の奥には、意外なほど広い倉庫があった。高い天井の上まで周囲が総て棚になっており様々な種類の紙が、整然とストックされていた。そして、そこには、表の文房具店のたたずまいとは不釣合いにも見えるフォークリフトと、大きな裁断機があった。
　それは商店街の「文房具店」のもう1つの顔だった。
　昭和9年生まれの晴恵さん（仮名）がここに嫁いできたのは昭和34（1959）年、今は、夫が長く療養中で、息子とともに店を切り盛りしていた。晴恵さんは、「細く長く、堅くいきなさい、だから絶対に手形を書くな」という先代が残した家訓ともいえる言葉について話してくれた。手形を使えば、大規模な商売ができる。しかし不渡りになればひとたまりもない。街場

「聴き耳」のゆくえ　　115

の個人商店が安定した経営を長く続けるための知恵の1つだった。

　しかし東京の大手の紙問屋で修行をして帰ってきた息子の考え方と、先代の教えを守ろうとする晴恵さんは、商いに対する考え方が異なっているのかもしれない。「今のやり方は、ちょっと古いんでしょうねぇ、頭を今風に、若い方のやり方にしないと…」と、晴恵さんは、店に隣接した狭い事務室でパソコンの画面を覗いて仕事をしている息子のほうを見た。

　そこには、大都会・福岡で、先代の教えから、新たな展開を模索する次の世代への過渡期を生きる、商店街の紙店の現在があった。

1.2 「話」を返す　1枚のスナップ写真

　『福の民』の作成では、原稿案が出来上がった段階で、我々は、1度それを話者に読んでもらう機会をつくった。話を聴くことには、常に、話し手の意図と受け手の理解との間にズレが生じる可能性がある。しかしそうした誤解を正す以上に、私たちが相手の話をどのように聴き取ったか、それを確認してもらうことに意味があった。原稿を返すと、修正というより、原稿の中で焦点化された事柄について、もう1度、話がふくらみつつ語られることが多い。

　T屋紙店の場合は、その後、もう1度話を聞きに行き、800字程度の原稿案を作り、それを郵送して晴恵さんと息子さんに目を通してもらった。そして、プロのカメラマンと一緒に訪問し写真撮影をした際に、原稿案についてコメントと修正すべき箇所の指摘をしてもらった。その時に改めて聴いた話は、病院に入院している夫・由紀久さん（仮名）の話と、「家訓」を残した先代の話であった。そして、息子さんと相談したうえで、

現在の営業の内容について修正箇所が指摘された。

　最終的に、修正した原稿と、出来上がった写真を組み込みレイアウトした校正を見てもらい、書籍への掲載に関する承諾書をいただくという手続きをとった。

　そして、次のプロセスに進もうというときに、突然、晴恵さんから編纂室に電話があった。最終レイアウトに、もう1枚、手元にあるアルバムのなかの写真を加えてもらえないか、という申し出だった。送られてきたその写真は、晴恵さんが、長く入院中の夫・由紀久さんと並んで写っているスナップ写真だった。屋外で、車椅子に坐った夫と、その傍らで晴恵さんが腰をかがめて夫の顔に自分の顔を寄せて満面の笑みをたたえていた。

　プロが撮影したクリアな写真のなかに、すこし粗い画像のそのスナップ写真が入ることになった。そして、このスナップ写真によって、結果的にこのページの意味は少し変わっていった。先代から店を継いで、夫婦二人三脚で切り盛りしてきた歴史を、この記事のなかに刻み込むことになった。

　作業を続けていくなかで、個人商店では、ことさら店の来歴を語ったり、店で日常的に働く姿の写真を撮ったりする機会は、そう多くはないということもわかってきた。何十年も店で働いてきて、その人が仕事をしている姿や店先に立つ写真を撮るのは初めてだという場合も少なくなかった。晴恵さんもまた、仕事と店を語った自らのことばと写真のなかに、夫の姿をともに刻んでおこうとしたのだと思う。そうすることで、まずそれは晴恵さん夫婦とT屋紙店にとって意味のあるページに仕上がることになったはずだ。

　私たちが作り上げた『福の民』にはそんなページが少なくなかった。

「聴き耳」のゆくえ　117

1.3　自治体史という実践

　かつて大学院生の頃に所属していた研究室は、いい意味でも悪い意味でも自治体史編纂の工房のような様相を呈していた。そのなかで、私自身は、枠組みをはめられて仕事として調査・研究することの不自由を嫌い、在籍していた6年半の間、県史や市町村史を作成する自治体史の現場から逃げ回った。その癖よく知りもしないで、自治体史は決まりきった視点で構成された項目調査を繰り返し、民俗学が自らを問い質し変わっていくことを妨げている、などと批判していたのだからあつかましい、というより横暴きわまりなかった。

　今にして思えば、自治体史の現場との関わりかたの問題であった。何のために、誰のために、それが書かれるのか、そうした問いのもとで自治体史をとらえるなら、それは学にとって明確にクライアントが存在する実践的な現場であるというべきだろう。クライアントとは、発注した自治体というより、さらにその向こうにいる、そこで生きる人たちそのものである。つまり、人に会いことばを交わしその暮らしの現場に触れようとする私たちにとって、話を聴く相手そのものがクライアントであるということでもある。

　民俗学を学んでいるものであれば、自治体史編纂の2つ3つに関わったことがあるのが普通だろう。その意味では、人生も後半になってから自治体史に正面から関わりはじめた私などは、極めて例外的だ。そして今更、それが学の実践の現場の1つである、といったら失笑されるにちがいない。

　しかし、特にこれといって直接に人様の役に立つような研究をしてきたわけではない私にとって、常にクライアントを意識しなければならないこの自治体史の現場は、改めて自分がよって立つ学そのもののあり方を問う場の1つになっている。

1.4　自治体史の冒険

　この『福の民』が、あくまでも 1 人ひとり個性を持った個に着目し、最終的な叙述にいたるまでその個のありようを語ることにこだわったのは、自治体史の企画として 1 つの冒険であった。個人の情報を取り上げること以上に、むしろ、なぜその 150 人が選ばれたか、ということ自体が問題だった。

　そこで取上げられた約 150 人は、何らかの基準により選ばれた人々というより、私たち 11 人が街を歩きながら出会った人たちであった。界隈という地域のつながり、なりわいを通じたつながり、同好の集まりなどなど、町筋をたどりながら、人から人へと手繰るように出会っていった人たちである。確かに、福岡市の人口約 140 万人の約 1 万分の 1 の 150 人の記事が積み重ねられたといっても、それでどれだけ福岡という街の「全体」を描けるのか、という当然の疑問がありうる。

　一見まっとうなこの疑問は、福岡という街の全体が、粒としての個人が集まって構成されているというイメージを前提にしている。すると、140 万分の 150 の「個」を焦点化することなど、「全体」に到達するには迂遠極まりないということになってしまう。

　しかし、巨大な街の暮らしを見る見方は、街をそうした粒の集合体として見る見方しか無いのだろうか。全体を鳥瞰的に把握しようと試みると、しばしば具体的な人の暮らしを抽象化していかざるをえなくなる。むしろ、錯雑とした現代の巨大都市は、全体を見渡すことが可能だという思い込みを、裏切りさえするのである。

　そこで私たちは、空から全体を見おろす鳥の視点ではなく、徹底して生活のなかの個の営みを焦点化して街を捉えるという立場を選んだ。街で暮らす 1 人ひとりは、単に砂粒のように 1

つ1つが分かれているわけではない。実は、1人の個は、人とひとの多様な関係性のなかを生きてきており、全ての人が、そうした複数のつながりの結節点であるととらえることもできる。家族、近隣、学校、職場を始めとする仕事の関わり、顧客とのつながり、さらには信心を通したつながり、習い事や趣味そして行きつけの店の仲間など、私たちはそれぞれそうしたつながりの重なりのなかで暮らしている。固有の個を描くことが、その個の向こう側に広がる関係性まで浮かびあがらせることにつながる、それが私たちの目論見のひとつだった。

そして、ひとの話を聴くという方法をとる民俗学の立場で、街の暮らしを知ろうとしたとき、こうした1人ひとりに向きあう過程は、必ず通る道行きでもあった。誰に何を語ってもらうにせよ、目の前の人が、どのような時代をくぐり、どのような人とひととのつながりのなかを生きてきたかを知ることは、語られたことばを深く受け止めるために必要不可欠でもある。いわゆるオーラル・ライフ・ヒストリーだ。

1.5 ライフ・ヒストリーと「話」

正直に言えば、我々は、いや少なくとも私は、当初単純にこのライフ・ヒストリーの叙述を皆で150件まとめていけばいい、と思っていたのである。ところが、それぞれが原稿案を持ち寄り始めたところから、私たちは、1つの壁にぶつかることになった。

確かに、持ち寄られたライフ・ヒストリーは、それぞれ興味深いものに違いなかった。1人の人生に刻まれたこの国の近代史が浮かび上がり、そこでその人が何を望み、どんな挫折を経て、どのように生きることを選択したのか、私たち研究者にとっては、さまざまな問いのヒントが豊かに埋め込まれてい

た。

　しかし、このことばを送り届けるべき読者は研究者ではない。まずは私たちに話をしてくれた人たちであり、さらにはその向こうに広がる人たちである。もしそれが、こんな人生を歩んだ人がいました、という話題としてのみ読まれてしまうなら、専門家にとってどんなに豊穣な素材も「だから、何？」という代物になる。結局、聴き手であり書き手でもある我々が、もう1歩も2歩も踏み込み、その人がこの街で喜びや苦労を重ねながら手にしてきた矜持であり知恵を、叙述しなければならないということになった。

　毎月1回、全員で原稿案を持ち寄っては、1件ずつ検討し批評しあう気の遠くなる作業が続いた。仲間から飛んでくる批評によって、自分がその人に出会うことで何を触発され、その人の「話」に何を学びとり、それをどのような文体で伝えようとするのか、問い質されることになった。そして、自分がその話者のことばを「話」としてどう聴き取ったのかまで含めて、書き込んでいくことになった。

　基本的に私は、相手の話に向き合う時、話題のおもむくまま、相手の談話にこちらの関心を寄せながら、想像力をふくらませていく。そうやって私が聞くのは、どうやら「話」なのである。定義の難しそうな、なんとかストーリーやナラティブでは、どうも、ない。

　少しの自慢話、愚痴交じりの嘆息話、時に怒りや悔恨が混じった話…、その話の場の光景は、とりとめのない世間話を交わしているように見えるかもしれない。いずれにせよ、互いが向かい合った話の場で、こちらが、今確かに1つの話を聴かせてもらったと身体で感じ、また相手も1つの話を伝えたという手ごたえを感じていると思われる瞬間がある。それは、今まで

何度か繰り返された十八番の「話」だったかもしれず、またその時に初めてことばになった「話」であったかもしれない。敢えていえば、それが「話」である。
　この「話をする／聴く」という行為は、調査論としてのフィールドワーク論やインタビュー論により語られる態度よりも、「市民のことば」をかかげて、私たちの日常のことばの実践を具体化しようとした、このブックレットの前提になった加藤哲夫の態度により近いように感じている（加藤哲夫『市民の日本語』ひつじ市民新書 2002）。
　加藤は、いかに他者と伝え合い、異なった立場の者同士が自分たちの共通の問題を確認し合い、ともにその改善に向けて一歩を踏み出しうるか、それを徹底してことばの問題として考えようとした。そこでのキーワードは「話」「話すこと」であるといっていいだろう。
　形式化した学級会方式でもなく、大声を出す者が他を引きずっていくのでもなく、無責任なうなずきにより何かが決まってしまうのでもないことばのありかたを追求する。それは加藤の活躍の主な舞台であったというNPOの現場にとどまらない、私たちの日常そのものに関わる問いである。
　その、ことばへの加藤の態度は、今日の専門家によるアカデミックな制度を前提としたフィールドワークの学である民俗学よりも、普通のひとびとによる日常的な知の実践を目指していた初発の民俗学のことばに対する態度に近いのである。
　次に、この国の民俗学のはじまりの時期にさかのぼり、「話」という日常のことばの実践が、この学のなかでどう位置づけられようとしていたのかを見ておこう。

2. 「話」の実践としての民俗学

2.1　柳田国男『明治大正史　世相篇』とつながりの思想から

　民俗学が、1960年代以降に大学制度のなかのに入っていく過程で、ひとの話を聴くことは調査という資料収集の手段として位置づけられ、調査用のハンドブックがつくられ、質問例文などが整えられていった。そして20年ほど前から、文化人類学を中心に、フィールドワークを通して他者を語ることの暴力性と政治性が問われてきたなかで、民俗学も、「聴き書き」を語り手と聞き手の相互行為として位置づけなおす議論などを重ねていた。

　先の福岡市史の現場は、少なくともそうした議論をくぐり抜けたところに存在していたことは確かだった。しかしそのなかで、私たちが選択したオーラル・ライフ・ヒストリーから「話」へという一歩は、研究を前提とした調査資料の収集とは異なった実践へと踏み出したことを意味していたのではなかったか。

　柳田國男の『明治大正史世相篇』(1931　以下『世相篇』)は、日本の民俗学の古典の1つとして数えられている。

　同書は、農業経済史家の専門家として農政を自らのテーマとし続けていた官僚「柳田國男」と、大正期に官僚を辞して郷土研究という旗のもとで今日の民俗学へと展開していく学問を興していく「柳田國男」の結節点にあたる1冊であり、後に具体化されることになる民俗学の構想へと通底していく議論がなされている。先取りしてしまうと、そうした意義を持つ本書に、直接「ことば」や「話」を掲げた章は無いものの、その行論に日常のことばの実践としての「話」への深い洞察を見出すことができるのである。

この『世相篇』が、全15章を費やして目指していたことは、大正期から昭和初期にかけて社会問題となり、昭和恐慌のなかで、殊更に激しくなっていった農村の疲弊という現実と向き合い、その原因を、人びとが当たり前のように暮らしてきた日常生活の変化から明らかにすることだった。『世相篇』は、1章から12章までで、新たに地方の農村を苛むようになった貧困のかたちである、孤立をともなった貧困、即ち「孤立貧」がもたらされる原因を、明治から昭和初期の約60年にわたる日常生活の変容のなかに解き明かそうとしていた（『世相篇』が農村衰微の原因を解き明かそうとしていたことについては、藤井隆至『柳田国男　経世済民の学　経済・倫理・教育』名古屋大学出版会　1995）。

　そして、13章から15章で、農村の窮乏に立ち向かう処方箋を語っている。その方策は、これまでもしばしば指摘されているように、問題を抱えた者同士が、団結すべきだという考え方だった。組合主義ともいわれるその方針は、官僚として若い頃より、産業組合の育成に心を砕いてきた実践家としての柳田の足跡に根差した方針だったといえる。

　『世相篇』が見据えた「孤立」を伴った貧困は、個の欲望が日常生活の消費の好みをかたちづくり、消費には現金が欠かせなくなり、農家同士は、市場で売れそうな同じような作物を互いに競争して作り、結局農家の暮らしが「自家の消費せぬ物を多く生産し、生産しえぬ物を多く消費する」ようになって、もたらされたという。そうした農家における消費の欲望と生産を支配するのは、都市の商人の力であり、農村の人びとの「孤立」は、その力により、地方の暮らしにおける人とひと、人とモノ、そして人とことばの関わり方が変質していくことのなかで生み出されていったのだとした。

しかし『世相篇』は、「団結」のなかで、地縁や血縁を前提とした共同体のつながりを再生しなければならないと主張してはいない。では、そこにどのようなつながり方を構想しようとしたのだろうか。

2.2　「知ること」の可能性
　最終の15章「生活改善の目標」は、「知ること」そのものの可能性を説くとともに、どのような質の団結を志向するのか、そのつながりの在り方について触れている点で、『世相篇』のなかで極めて重要な章の1つだといえるだろう。
　明治大正期の学問が、西欧の知を翻訳して移入することから、日本の状況を見据え日本の現状を問う学問へと変化してきたことを語り、もはや既存の知識を繰り返すような出版や講演は必要がないと断言する。そして、多様な自然と社会のかたちを「一つの版図のなかに包括」している日本で、「単なる一部面の普通」をもってすべてを類推してしまうことの危うさを指摘し、次のように述べる。

　　地方は互いに他郷を諒解するとともに、最も明確に自分たちの生活を知り、かつこれを他に説き示す必要を持っている。それが出来なかったら大きな団結はむつかしいのである（柳田国男『明治大正史　世相篇』1931→『柳田国男全集5』1998、607頁）。

　まず、この1文が、「知ること」をめぐる1つのダイナミズムを語っていることに注意しておきたい。「他郷を諒解する」ことと「自分たちの生活を知る」ことが同時に生起することとして並列されているのは、他を知って初めて自らを知り得ると

いう、「比較」をめぐる思考の過程を前提にしている。その上で、他に向けて「自分たちの生活」について「説き示す」という次の過程が置かれる。そこには、比較と「知ること」をめぐる知の連鎖の可能性が想定されている。

そしてその次のパラグラフで、「郷土研究」について言及するのである。政府が新たに唱え始めた「郷土研究」の「深意はまだわからぬ」としながら、少なくとも「この機運」つまり、地方が他郷を知ることで、自らの生活を知り、それを他に説き示すという必要性が切実になったという状況に「触れている」と評価する。そして「これを生活改善の新方針の端緒とみることは、われわれにとっては根拠なき楽観ではない」という。後に、政府が主導したものとは異なるもう1つの郷土研究が、柳田を中心に構築されていったことを考えるならば、先の「知ること」をめぐる知の連鎖についての構想は、来るべき新たな郷土研究、ひいては民俗学の役割について述べていると読むこともできるだろう。

では、「改善」という改革への端緒であるこの「知ること」の過程は、具体的にどのように可能になるのだろうか。

2.3　都市と「話」の発達

先に述べたように『世相篇』全15章の章題のなかで、ことばや「話」というテーマに触れたものは、一切ない。しかし『世相篇』における「話」についての重要な議論は、4章「風光推移」、5章「故郷異郷」、6章「新交通と文化輸送者」という、私たちが外の世界をどのように知り、それに具体的に関わっていくかという広義の「交通」に関わる議論を展開する部分に埋め込まれている。

5章「故郷異郷」に、自らが育った故郷に関する認識と他郷

（異郷）に関する知識の相関関係について述べている箇所がある。私たちが自らの「故郷を成長する一つの生体」として見ることができるようになったのは、「他の村」を見るという「比較」が出来るようになった結果だとし、そして、その傾向は、特に「都市の生活者」の「話」をめぐることばの実践によって導かれたと指摘する。

> 明治初期ごろの南北の大都市、ことに幾つかの官庁でも置かれたものは、宛然として異郷知識の互市場のごとき観があった。町の商家も由緒の古いものになると、交際をわずかの親戚の間に制限して、容易に外来の人に許さぬ風のあったことは農村も同じであったが、こういう地位身元の明白な外来人たちには、知らぬ顔をしてはいられなかった。そこで今までは遊歴文人や行脚僧のような、対等以下の遠慮がちな人たちからばかり、気楽に聴いていた世間話というものが、急に適切なる意味を持つものとなり、話題も興味も日を追うて増加したのである。　　（前掲書、447頁）

まず、大都会で、「異郷知識の互市場」のような状況が生み出され、そこでの「異郷知識」の交換に大きな役割を果たすようになったのが「世間話」なのだという。特に、明治大正期という近代において「世間話というものが、急に適切なる意味」を持つようになったという指摘に着目したい。それまで「遊歴文人や行脚僧」などから「気楽に聴いていた」ものではなくなり、「異郷知識」を得る媒体としての意味、すなわちあの「知ること」の過程において「適切な意味」が出てきたというのである。

2.4 生活の技術としての「世間/話」

そもそも「話」ということばの実践は、私たちの暮らしのなかでどのような役割を果たしているのだろうか。ここまでのところでは、コミュニケーションのメディア（＝道具）ということになる。しかしさらに『世相篇』は、私たちが「話」を媒介に、自分たちの生きる世界を認識し、集団の知識として蓄積していくという「話」の働きに着目している。

『世相篇』4章「風光推移」は、人が自らの身の回りの環境にどのような視線を投げかけてきたか、広義の風景のなかに歴史を読み込んでいく。そのなかで小供の「話の種」に言及する。

> 学校の子供の話の種は変わってきた。そうしてまた土地ごとにちがっているのである。村ではおとなもまた毎日の雑談の話題は、この複雑なる天然の表現以外に、そう別なものを求められぬ時代であったが、明治大正は世間話の莫大なる材料を供給したのである。しかし幼い者にはその大部分は解釈がめんどうであったから、なおしばらくの間は自分の周囲の事実、ことに古くからの友だちの話をよくしたのであった。この友だちには、悪戯であって、いつもおとなたちに憎まれているものもいれば、また無闇であり頓狂であるものもいた。それが彼らの生活をめぐる風景の中に折々あらわれて、笑ったり鳴いたりする話の種を作ったのであった。　　　　　　　　　　（前掲書、430〜437頁）

「明治大正は世間話の莫大なる材料を供給した」という指摘は、先に触れた「世間話というものが、急に適切なる意味を持つものとなり、話題も興味も日を追うて増加したのである」と

いう部分と呼応している。この「古くからの友だち」とは、身近な自然のなかの野鳥や動物たちのことである。一見すると小動物を語る口頭伝承についての議論であるようにも読める。

　しかしここでのポイントは子供の「話の種」であり、まず子供の成長とともに「話の種」が増加し、それが身近な観察からもたらされることに関心を向けている。そして観察した事実は「話の種」になることで群れの知識になった。特に、観察にもとづく「話の種」が、常に更新されていく可能性を持っていたことを、次のように積極的に評価していた。

　　だからこういう話にほんのわずかでも、付け添えまたは訂正すべき事実に出逢うと、少年は細やかに観察したのみならず、また必ず記憶して群れに語ったのである。これがどれだけ滋養分を含みまた衛生になったかということは、やはり食物と同様にこれを確かめた人が少ないのだが、とにかくこれが彼らの第四番目の生活技術であった。　　（同前）

　子供たちは、自らの観察を通して新たな発見をすると、それを改めて群れの知識にしようとするのだという。それは群れが共有している「話の種」すなわち知識を、更新していくエクササイズであると言ってもいいだろう。「話」ということばの実践が、人が自らの生きる世界を知り、知識として蓄え、さらにそれを更新していく役割を担う。『世相篇』は、その「話」という談話の技術を、衣・食・住の技術に加え、「第四番目の生活技術」であるとまでいう。ここで、敢えて子どもの「話の種」が焦点化されたのは、この「話」という生活技術の習得とその役割について論じるためだったのである。ここで論じられた「話」は、単にコミュニケーションの道具ではなく、自らが

生き、そして生かされている世界に対する認識を生産し、それを群れの知識として蓄えて、さらには更新していく認識の道具なのである。

その「話」ということばの実践が、人の人生のなかで、どのように働くのか、より明確に指摘しているのが、これに続く次の1文である。

　　出でて故郷と外界との関係を会得する以前、まず天然の中
　　に自分を見出すの途が、いつでもこういう様式をもって開
　　かれていたのである。　　　　　　　　　　　　（同前）

つまり、ここで論じられてきたことは、子供がいかに「話」を通して「知ること」のエクササイズを経験していくか、ということであった。それが「まず天然の中に自分を見出すの途」である。そしてこの「第四番目の生活技術」と呼ばれる「話」は、人が成長して故郷から「外界」に出て、自らと世界との新たな関係を創り出し「他郷を諒解」するとともに「自分たちの生活」を知ることを可能にするのである。

2.5　相逢うて話をする機会を

明治大正期の都市において、「世間話」が他郷を諒解する媒介として急に「適切なる意味」を持ち始めた一方で、『世相篇』が見据えていた農村を始めとする地方の「話の場」は、ある危機に瀕していたという。

『世相篇』6章「新交通と文化輸送者」が説くのは、モノと人の関わり方の変容と、ことば（情報）と人との関わり方の変容の2点だ。ここで着目したいのは、後者の論点である。たとえば6章の最終節「6　旅行道の衰頽」では、金屋、石屋、木

地屋、大工・左官、などが明治にはいってから次第に定着しはじめたことにふれ、「こういう職人たちの追い追いの定住ということが、村々の世間知識の外からの補給を、また著しく制限することになっているのであった」と指摘する。

「世間師」でもあった職人の移動が次第に少なくなり、かつまたその移動が限られたものになっていく過程で、村に情報が流入する仕方が変わってしまったという。続いて、「旅の内容を改めて、地方相互の知識交換を不便にした」要因として、旅館、宿屋が単純になったことを指摘する。結局、旅の宿はもっぱら金を払い、今日的な言い方をすればサービスとして提供される宿泊ばかりになっていった。それが旅を変え、また人とひとのつながり方、ひいては人と「話」の関わり方を変えたというのである。

> 人が親類を持たない村里に入ってみることは、たいていは不可能になってしまった。街道は常に自動車の煙埃をもって霞むほどの往来があっても、脇道は知った顔しかあるいていないようになった。たまたま来る他所者には、油断のならぬような用件ばかり多くて、異郷の事情を心静かに語る人もなく、またわが土地を外の人に語りうるまで、知って出て行く者もめったにはないのである。安宿無料宿泊所の急迫した需要以外に、人が晴ではなしに相逢うて話をするような機会を、何とかして新たに設けてみないと、この旅行道の大いなる衰頽によって、一旦失うたものは補填する途がないことは、町も小さな市も村とかわるところがない。しかもわれわれは好奇心をまだ多く剰しているゆえに、中央の消息ばかりがただに急劇に流れ込むことになったのであった。
> 　　　　　　　　　　　　　　（前掲書、474頁）

「聴き耳」のゆくえ　131

「旅行道の衰頽」の向こう側に柳田が見据えていたのは、人が互いに向き合い「異郷の事情を心静かに語る」ような「話の場」の隠滅であり、また「わが土地を外の人に語りうるまで、知って出ていく者」もめったにいないような、外部に対して閉ざされた空間になってしまう「わが土地」のありようであった。

　「人が晴ではなしに相逢うて話をするような機会」を何とかして新たに設けねばならない、という言い方には切実さが刻まれている。「晴ではなしに」とは決まりきった定型の社交辞令を交わす場ではなくという意味だろう。柳田は、しばしば後の国語論のなかで、明治大正期に、多くの定型句の物言いが日常生活に入り込み、生活の実感をともなわずに「口真似」で使いまわされていくことの弊害を指摘することになる。

　結局、ごく限られた大都市で「異郷知識の互市場」のような状況が生まれ、世間話が「急に適切な意味」を持つようになったのとは裏腹に、「交通」の変容とともに、「町も小さな市も村とかわるところがない」くらいに、「話」の機会が危機に瀕しているというのが、『世相篇』の見立てであった。そして、この危機は、他郷を諒解するとともに、自らの暮らしを知り、その自らの暮らしを他に説き示すという、あの知ることのダイナミズムの危機に他ならなかったといっていいだろう。

　では、ここで「人が晴ではなしに相逢うて話をするような機会」を、「何とかして新たに設け」る必要があるという主張は、具体的に何を新たに設けようとしていたのだろうか。おそらくそこに、後に具体化される「郷土研究」という実践、すなわち民俗学が位置付けられることになるのではないだろうか。

　「旅行道の衰頽」のなかで新たな「旅の学」として構想される郷土研究／民俗学に携わるものは、そこを訪れ土地の者と相

逢うて「異郷の事情を心静かに」語るとともに、その土地のことを「外の人に語りうるまでに」知って出て行く人なのではなかったか。

このように『世相篇』のなかで「話」ということばの実践がどのように語られ説かれているかを見てくると、「話」を媒介に互いを「知る」ことに極めて重要な意味が与えられていることがわかる。

2.6 「世相史」という態度

そもそも『世相篇』が具体化した「世相史」とは、私たちが等身大で経験した暮らしから歴史を問う1つの態度を示していた。『世相篇』は、農村の暮らしが、明治大正の60年という月日のなかで、どのように変化したのかを明らかにしようとしていたが、この60年という年月が、1人の人間が経験しうる時間の幅であることは「世相史」という方法の要件の1つだったのではないだろうか。

1人が経験しうるその時間の幅が、「実験の歴史」という重要な考え方に接続する。『世相篇』の1章で示される、「実験の歴史」における「実験」は、experimentという意味ではなく、むしろexperience／経験という意味で使われている。この「実験の歴史」とは、まず1人ひとりが経験してきている暮らしの事象のなかで、既に過去の経験になった事象と、各自がまさに目下経験している事象があり、それらを比較することで、誰の説明をうけずとも自分たちの暮らしの変化を理解することができるという意味での歴史を指す。

そしてまた「実験の歴史」という発想は、当時の帝国大学などで専門的な知を習得した専門家によるのではなく、普通のひとびとが、自らの日常の経験を元手にして具体化しうる知の実

践として構想されていたのである。

　今、眼前の事実として「当たり前」だと思っていることが、どのようにそのようになったのか、普通に生活をしている人たちが、自らの等身大の経験から、その生活の変化すなわち歴史を知ることを、柳田は「世相史」と名付けたのである。

　既に見てきたように、『世相篇』のなかで繰り返し主張されていることは、同じ問題をかかえたもの同志が、互いの事情を知り、自覚的に問題を共有し団結することであった。自らの現在の経験と過去の経験を比較することが第1の比較なら、互いの事情を知るとは、自分の経験と他所で生きる他者の経験との比較という第2の過程が想定されている。

　そしてこの実験の歴史として具体化される「世相史」は、私たちが自分ひとりの不幸や理不尽として抱え込んでいる問題は、決して独りひとりの問題ではなく、世の中全体の仕組みの問題であるという確信に基づいていたはずである。

　そうした世相史の目的はどこにあったのだろうか。日本の民俗学の最初の概説書『郷土生活の研究法』(1935)では、私たちが、日常生活のなかで何か問題を感じていても、しばしば「あたりまえじゃないか」とか、「世の中はそんなものだ」「しかたがない」といって、なぜそうなのかを問いもせずにあきらめてしまうことをいさめている（柳田国男『郷土生活の研究法』1935→『柳田国男全集8』1998、203〜204頁)。

　「世相史」の眼目は、まず、そうした普通のひとびとの「あきらめ」をなくすことにあった。「あたりまえ」としてあきらめていることが、なぜそうなったのか、その歴史を知ることによって、「あたりまえ」を「あたりまえ」ではない歴史的産物として相対化することが可能になる。それが状況を変えていく可能性の1歩になると期待されていたのである。そして「話」

をする「話」を聴くという日常のことばの実践が、この「世相史」という方法の根幹に位置付けられていたのである。

3.「聴き耳」の実践へ

3.1 誰が聴いているのか

　この民俗学の初発に刻まれた「話」という日常のことばの実践の可能性を踏まえた時、他者と話をしそれに耳を傾けることは、単なる資料収集の手段ではないこと、そしてそれをもとに1つの叙述を作り出すことは、論文というスタイルの書き物をアカデミック・サークルのなかで流通させることを目的としているわけでもないことがわかる。他者の話を聴くことは、同時に自らを自省的に知ることであり、それが「知ること」の連鎖の第1歩であったことをもう一度思い起こしたい。

　現在、簡便な記録メディアを利用できるようになり、確かに私たちは、一見よりヴィヴィッドに声の交換の現場を再現することができるようになった。そのことで、相手に質問をし、相槌をうつ自分がともに記録されることで、確かにある種の相互作用のありようを確認できるようになった。

　しかし、そうした道具の発達と使用が、「聴く」という営みをより高度で深いものにしているか否かは、改めて考えなおしてみる必要があるだろう。他者のことばに耳を傾けることで、自らが何を「知った」のか、やや極端に言えば、聴く前の自分と、聴いて「知った」後の自分は何が変わったのか、それを自覚しうるか否かという問題として考えてもいいだろう。録音メディアの再現力と、他者の話を聴く自らを自省することは、実は別の問題なのではないだろうか。

　福岡市史の『福の民』を作り上げていくなかで、我々が、い

わゆるライフ・ヒストリーという手段を相対化していった過程で、私自身が自戒をこめて考え始めていたことは、叙述のあり方より何より、もっとその手前の、果たして自分は人の話をちゃんと聴きとっているのか、という問題であった。

　私は民俗学を学び始めて以来、話を聴く時に、もう4半世紀以上当たり前のように録音機器を使ってきた。小型のカセットテープレコーダーから最近のICレコーダーまで、私にとっては調査の必須道具の1つであった。そして往々にして、精緻な談話分析をするわけでもないのに、相手のいいよどみや、話ことばの飛躍やささいな破綻などをそのまま残して叙述し、また時系列が前後したままの相手の談話の流れに沿った叙述を作り上げたりしてしまう。

　一見、インタビューに基づいたリアルな叙述なのだが、相手が行きつもどりつしながら言語化し伝えようとしたことが、その口伝えの揺らぎを再現することで不明瞭になってしまう。その結果いったい私自分が、その語り手から何を聴き取り、それにどのような意味を与えようとしたのか、ぼやけた叙述が生まれてしまう。

　つまり、誰かの経験に関する情報は存在しているが、聴き手が見えないのである。道具は、まさに身体能力を拡張し世界を広げるという意味でメディアであり、かつ一方で、私たちを拘束する。話の場を媒介する録音機という道具も、しかりである。

　録音に頼ることで、聴き手が、その語り手にどう向き合い何を問い掛け、そして語り手のことばの何に心を動かされたのか、それがかえって見えにくくなってしまうという危うさもあるのではないだろうか。その聴き手のありようは、聴き手が発する質問を書き込み、録音をもとに対話をリアルに文字化する

ことで十分に再現できるというわけでもない。私自身にとって反省すべき問題は、そこで聴いていたのは紛れもなく自分であるにもかかわらず、まるで聴き取ることを録音機に委ねているような自分のありようなのである。

そもそも、「話しことば」が前提とする「声」と、「書きことば」が前提とする文字とは、異質なメディアである。とするならそのメディアの違いを考慮した「翻訳」を行なわなければならないはずなのである。しかしそれは、単にことばや言い回しを、口語体から書きことばの文体に整えればいいという問題ではない。

結局、原稿を作成していく試行錯誤と紆余曲折は、叙述を練り上げながらもう一度、聴き耳をたてていたはずの自分自身を問いただす過程になった。

3.2 「聴き」「書く」という過程

たとえば、「聴き書き」という言葉は、「聴く」と「書く」という2つの動詞によって構成されている。聴いて叙述するという2段階の作業があるように見えるが、実際は、もう少し複雑な過程になる。

現実に他者と向き合い、互いに時間と空間すなわち「場」を共有し、互いの身体が生み出す〈声〉に耳を傾ける。そこには、まず生身の相手に向き合い、問いを発し、相手の話に相槌をうち、自らも相手に話すという過程がある。さらに、そこに「書く」という記録の過程が重なる。

私自身は、話を聴く過程で、3種類の記録を作り出している。1つは相手の話に耳を傾けながら筆記用具を使い文字通り書き取って作り出していく記録、2つ目は話を聴いて直後から遅くとも2日以内くらいに作成する詳細な覚書、そして3つ目

は録音から対話を文字化した記録だ。1番目の記録を「メモ」、2番目の記録を「覚書」そして3番目の記録を「録音文字化記録」としよう。

　以前は、話を聴くその場でとるメモは、録音をとっていたので、ごくそのインデックスのようなものにしていた（かつての私の聴き書きの仕方については、拙稿「ある「調べごと」の実践：タクシードライバーに聞く」須藤健一編『フィールドワークを歩く　文科系研究者の知識と経験』1996所収）。手元の小さな録音機が、声はもちろんのこと、話の場の多様な音を拾っている。だから、記録はもっぱら機械にまかせて、自分はより自然に話の場をつくることに専念しようと考えていたのである。場合によってはノートすら出さないこともあった。しかし、何が「自然」か、実はわからない。そもそも話を聴くために自分がそこに居ること自体が「不自然」なのである。

　結局、「自然に」などというのは、自分にとっての「聴く」という行為ではない、と考えるようになった。そこでできるだけ細かなメモを作成するようになった。メモをとることが相手を緊張させ、「本当のこと」が聴けなくなる、という意見もある。しかし今は、それでもいいと思っている。大切なことばを聴き取り、記録しに来たのだから。そして相手が話そうとしないことは、はなから私が出会えないことばなのだ。

　それで、ほぼ話の内容を再現できる程度のメモを作成する。実際に手を動かすことによって、そこで生み出されたことばを、耳から手を経て、自分の思考にくぐらせていく効果もあるように思っている。

　そして、話を聴きながら作成したメモを参考にしながら、話の場の記憶が新鮮なうちに覚書を記す。現在の私の「聴き」「書く」過程では、実はこの覚書を記すことが重要な位置にあ

る。相手の言葉だけでなく、目で見たこと、感じたこと、そしてその日聴いた話の内容のうち自分にとって印象深くかつ重要だと思ったことを中心に、メモを参考にしながら再構成していくのである。そこでは、なぜ自分にとってそれが意味ある話だったのか、言い換えれば自分はそこで何を「知る」ことができたのか、それを文字化することになる。何よりも、この覚書の作成は、メモのなかの言葉を、改めて自分の思考を通して、私自身の言葉のなかに埋め込んでいく作業でもある。自分がどのような方向性で相手に問いを発して、対話の展開が生み出されたのか、その聴く過程のなかの自分が、改めて意識化される。そして2時間にわたり話を交わしたなかのせいぜい15分間程度の話題であっても、そこから知りえたことからさらに自らの関心を押し広げ、問いを具体化していく機会になる。

　3番目の、録音された音声記録は、話を聴いた時から1か月以上たって、その文字化作業を行う。話を聴いた直後には、自分が殊に関心を持って聴いた話題にばかり関心が焦点化しがちになる。そこで、ある程度、話の場の生々しさが薄れた時期に、録音記録の文字化作業をする。すると、あの時はあの話題を聴いた、とこちらが受け止めていた印象や記憶とは異なった文脈や、埋もれていた他の話題の可能性が見えてくることがある。

　一時期の私は、そのことによって、現場で聴いていた自分自身を相対化していく過程が最も大切だと考えていた。

　ただ一方で、その過程を経たとしても、あの話を聴いていたときに相手のことばに関心を膨らませ、その場にのめり込み、そして何かを「知った」と高揚したはずの自分が、全て間違いだったとはいえないのではないかと、考えている自分も居た。

　このような逡巡など、実証的ではない、録音された記録こそ

が最も正確な記録なのだという考え方もあるだろう。しかしそこには、単純に、事実と虚構（勘違い、思い込み、嘘）などという二項対立で片づけてしまうことができない、生身の人間が「聴くこと」をめぐる問題とともに可能性が埋め込まれているのではないだろうか。録音されたことばを文字化したものを読んで「知る」ことと、声で伝えられた「話」を聴いて「知る」こととは同じではない。

　ある時期から、私自身は、この3つの記録の中で、結果的に2番目の覚書を大切にするようになった。ただし、録音された対話の場を「聴き直す」という文字化作業を通して1度、「聴いた」自分を相対化する過程を経たうえで、再度2番目の覚書へ戻る。録音文字化記録のなかにある別の話題や文脈の可能性は、次の「知ること」への指針の1つになる。そして私にとっての覚書の作成は、自分がどのような「耳」で相手のことばをとらえようとしたのか、自らの「聴き耳」を自覚していく過程なのである。

3.3　「聴く」という実践と「聴き耳」のゆくえ

　『福の民』では、私は主にこの覚書をもとに、叙述のモチーフを構成することになった。同書に収められた約150件の記事のうち、私が担当した十数件の記事は、職業などの背景は異なるが、そこで叙述された「話」には、1つの傾向が浮かびあがる。

　ある駄菓子小玩具の卸店は、一時、積極的にファミコンを仕入れて扱っていた。通常扱う駄菓子とは異なり単価も格段に高いファミコンは売れ方も回転が速く、駄菓子が売れる速度と異なっていた。結局「商いが違う」とそれなりに儲かるファミコンの取り扱いを止める判断をした。時計部品卸店を営業する老

夫婦は、メーカーがすでにストックしていない古い時計の部品を今も大切に保管しているので、九州一円の時計店から古い時計の部品の問い合わせがあり、なかなか店じまいできない、と元気だった。ある京染物店は、正絹の着物をメンテナンスして長く着続けることができるように、持ち込まれる一着一着の着物のために、染め直し、洗い張り、仕立てなどなど多様な和装に関わる職人をコーディネイトしていく、いわゆる「悉皆」という仕事に力を入れている。場合によっては世代を越えて着物が着続けられる過程に寄り添う。店主は「私達は一着の着物に長くつきあうんです」といっていた。ある人形専門店は、もともとは玩具一般を扱う店だったが、百貨店の安売りなどに対抗するためには専門性を出さねばならないと、人形専門店へと転換をはかり、専門技術を持った人形職人達とともに成長していく時間を大切にしていた。いずれも、「長い尺度の時間」で生きることを語る話たちであった。古いモノをより新しいモノへとどんどん更新し、さらに早い速度でそれを回転させ、「短い尺度の時間」ですべてのものが動き変化することをもとめる現在の市場の仕組みに、抗うような「長い尺度の時間」の構え方が、そこにあった。この「長い尺度の時間」は、話を聴くことを通して私が「知る」ことができた街の構え方の1つだった（拙稿「街を生きる「時間」：「長い尺度の時間」考」『市史研究ふくおか』第6号2011)。そしてそれは、あの「細く長く堅く」という先代の教えを守り「手形は書かない」という紙店のありかたを語ることばにも通底している。

　その構え方は、研究者としての私の関心である以上に、現在を生きる1人の人間としての私にとっても身につまされる切実な問題に接続していた。大学の教員をしてきた約20年の月日のなかで、明らかに大学という場は、大きく変わっていった。

大学の教員は、教育のスキルもみがかず、ろくに研究もせずに、競争のないぬるま湯につかり、堕落しているという批判が、そちらこちらで語られるようになり、気づくと自分が所属する大学をふくめ巷の大学が「改革」を連呼するようになっていた。もっと世の中の役に立たねばならない、そんな圧力を受けて動かざるをえなくなったのである。確かに、学ばない学生に教えない教員という批判は、あたっている面もあったかもしれない。
　かつて私自身、決してほめられた学生時代を送ったわけではないが、しかし、何も学ばなかったわけではなく、選んだ自分の専攻の勉強に馴染めずそれを脇に追いやって、紆余曲折しながらたどりついたのが民俗学だった。あの頃の大学が今のように、学生の成績を数値化し限りなく相対評価に近いものにし、講義の出欠をコンピュータで管理するような仕組みだったとしたら、きっと私のような要領の悪い学生の居場所はなかっただろう。
　結局、「改革」という旗印のもとで進められたことは、市場の競争原理を大学に導入し、大学を「短い尺度の時間」のなかで、臨機応変に運営していくことだった。そして、その改革と抱き合わせで、いつのまにか、大学が「グローバル」という旗印を掲げるようにもなった。そうした改革は教員も学生も縛っていったように思える。
　特に人文系の科目は、否応なく肩身が狭くなっていった。「役にたつ」とは何かという問題は、それぞれの学が、その時代のなかで何を問い、それをどう語り、ふるまうのか、喫緊の課題としてあることは間違いない。しかし、そうした根本的な問いを置き去りにしたまま、大学という制度のなかで、研究者のまわりには「社会貢献」や「地域貢献」という言葉がまとわ

りつくようになり、下手をすると授業や研究とともに毎年の評価のなかで点数化される項目の1つにもなった。恥ずかしながら、私が「インセンティブ」という昨今の経済学が大好きなことばに初めてであったのは、確かかつての職場だった大学の改革案の文言のなかでだった。要するに「ご褒美」。研究も教育も社会貢献も、毎年頑張ったと認められれば「ご褒美」をくれるという。人参ぶら下げられて研究かぁ、と嘆息が出た。

　愚痴に聞こえそうだからやめよう。

　ただ、そこで起きていることの背景にある仕組みは、実は私が福岡で話を聴いてきた商店主たちが置かれていた状況と確かに通底しているのだと考えている。というより、その商店主たちの話を聴きながら、次第に強くそれを意識しはじめ、私は、自分の「聴き耳」をたてるようになっていった。

　最初に新自由主義批判、グローバル経済批判といった理屈があったわけでもない。「昔に比べたらこの通りもめっきり人通りが減った…」「以前の街の活気はなくなった…」「いつ店を辞めようかと思っている…」といった、後ろ向きとも聞こえるようなことばとともにこうした話が出てくるとき、その一見後ろ向きの声だけを聞いていると、それこそ愚痴に聞こえてしまうかもしれない。しかし、1つ1つを重ね合わせていくと、それぞれの置かれた状況とそこで自ら選んでいった選択のなかに、「長い尺度の時間」で生きるという、共通する態度を聴き取ることが出来るのである。もちろん、そうした態度が、この早い速度で変わることを要求する世の中の仕組みのなかで、バラ色の未来を描き出すことができるか否かはわからない。しかし、このせわしない仕組みのなかで、すり潰されたりクラッシュさせられたりしない知恵なのだと、私は思っている。

　『福の民』という1冊は、民俗部会の11人の1人ひとりが、

福岡の人たちと話をしながら自らの「聴き耳」をたてた記録だといえる。互いが原稿案を持ち寄り討論しながら確認していったのは、その互いの「聴き耳」のありようだったのだと思っている。

『世相篇』が問うていた、地方同志が互いを「知ること」のダイナミズムをそのまま現代に当てはめることはできない。しかし大きな変革の動きの中でもたらされる人の孤立という問題と、それゆえに互いが知ることがもたらしうる可能性は、かたちをかえながらも今なお現実的であり続けている。「人が晴ではなしに相逢うて話をするような機会」が必要だという、あらたまった借り物のことばではなしに、自分の経験を語り聴くような場の価値は、未だに失われていないのではないだろうか。

記録を納めた1500部程度の書物が、どのような効力を持ちうるのか、それは正直に言えば、わからない。

しかし、この一冊が、何より、福岡の街の人たちの「話の種」の蓄積の一部、すなわち「知識」の外部記憶の1つになっていく可能性を否定したくはない。

いつも目にしているあの店や、あの人に、そのような来歴と生き方と矜持があったのか、と知る人がいるかもしれない。どれかのエピソードに自らを重ねて読む人もいるかもしれない。それでも十分だと思う。また、こんなものなら自分たちにもできそうだと、身の回りでさらなる「福の民」の試みを始めてくれる人たちもあるかもしれない。『福の民』の態度と試みそのものがひとつの知識になって、そうした実践の連鎖が生まれることは、私達にとっては望外の喜びである。それはこの一冊が、新たな「聴き耳」が生み出される1つの契機になることでもあるからだ。

そして、福岡という場所を越えて読まれる機会も、夢想した

いと思う。

　もちろん、何の関心も呼び起こさないこともあり得ることを認めなければならない。何よりも、何かの可能性があるとしても、これは即効性のあるものではない。「聴き耳」ということばの実践は、改めてその聴き取ったことばを、誰かに受け取ってもらわねばならないからだ。今、私たちの「話の種」の多くは、インターネットというメディアのなかで、おそろしい速さで拡散し、そして消費されていく。そうした状況のなかで、紙の書物としてかたちになった『福の民』は、たとえば図書館の書棚に置かれ続け、または、いつしか古書として動いていくことも含めて、長い時間のなかで受け手に出会ってほしいと思っているのである。

＊　「2.「話」の実践としての民俗学」は、重信「民俗学のなかの「世間／話」」(『日本民俗学』281号　日本民俗学会　2015年)と重なる部分がある。

執筆者紹介(掲載順)

村田和代(むらた　かずよ)

龍谷大学政策学部教授
[主な著作]『共生の言語学—持続可能な社会をめざして』(ひつじ書房、2015 年、編著)
[専門領域] 社会言語学

松本功(まつもと　いさお)

株式会社ひつじ書房代表取締役社長・編集長
[主な著作]『ルネッサンスパブリッシャー宣言』(ひつじ書房、1999 年)
[専門領域] 学術書出版

深尾昌峰(ふかお　まさたか)

龍谷大学政策学部准教授、公益財団法人京都地域創造基金理事長、きょうと NPO センター常務理事
[主な著作]『地域公共政策をになう人材育成—その現状と模索』(日本評論社、2008 年、共著)
[専門領域] 非営利組織論

三上直之(みかみ　なおゆき)

北海道大学高等教育推進機構准教授
[主な著作]『地域環境の再生と円卓会議—東京湾三番瀬を事例として』(日本評論社、2009 年)
[専門領域] 環境社会学、科学技術社会論

重信幸彦(しげのぶ　ゆきひこ)

国立歴史民俗博物館客員教授
[主な著作]『タクシー—モダン東京民俗誌』(日本エディタースクール出版部、1999 年)
[専門領域] 民俗学

市民の日本語へ—対話のためのコミュニケーションモデルを作る

Reconstructing Japanese Communication for a Sustainable Future
MURATA Kazuyo, MATSUMOTO Isao, FUKAO Masataka, MIKAMI Naoyuki, SHIGENOBU Yukihiko

発行	2015年3月27日　初版1刷
定価	1400円+税
著者	©村田和代・松本功・深尾昌峰・三上直之・重信幸彦
発行者	松本功
装丁者	中山銀士
印刷・製本所	三美印刷株式会社
発行所	株式会社 ひつじ書房
	〒112-0011 東京都文京区千石2-1-2 大和ビル2階
	Tel.03-5319-4916 Fax.03-5319-4917
	郵便振替 00120-8-142852
	toiawase@hituzi.co.jp　http://www.hituzi.co.jp/

ISBN978-4-89476-753-9

造本には充分注意しておりますが、落丁・乱丁などがございましたら、小社かお買上げ書店にておとりかえいたします。ご意見、ご感想など、小社までお寄せ下されば幸いです。

ひつじ市民新書001

市民の日本語　NPOの可能性とコミュニケーション

加藤哲夫著　定価695円+税
ISBN 978-4-89476-166-7

3.11 原発事故後の公共メディアの言説を考える

名嶋義直・神田靖子編　定価 2,700 円＋税

ISBN 978-4-89476-752-2

共生の言語学　持続可能な社会をめざして

村田和代編　定価 3,400 円＋税
ISBN 978-4-89476-730-0